Tomas Sjödin

Es gibt so viel, was man nicht muss

Von der Einfachheit des Lebens,
des Glaubens und der Liebe

Aus dem Schwedischen von Hanna Schott

SCM
R.Brockhaus

SCM

Stiftung Christliche Medien

SCM R.Brockhaus ist ein Imprint der SCM Verlagsgruppe, die zur Stiftung Christliche Medien gehört, einer gemeinnützigen Stiftung, die sich für die Förderung und Verbreitung christlicher Bücher, Zeitschriften, Filme und Musik einsetzt.

MIX
Papier aus verantwortungsvollen Quellen
FSC® C014496

Originally published in swedish under the title:
DET ÄR MYCKET MAN INTE MASTE

Umschlaggestaltung: Kathrin Spiegelberg, Weil im Schönbuch
Titelbild: Irtsya/shutterstock.com
Satz: Christoph Möller, Hattingen
Druck und Verarbeitung: GGP Media GmbH, Pößneck
Gedruckt in Deutschland
ISBN 978-3-417-26854-6
Bestell-Nr. 226.854

Inhalt

Vorwort

Ein Leser der *Göteborgs Posten* schrieb der Tageszeitung, um für einen Text zu danken, den ich geschrieben hatte. Der Text sprach davon, wie es ist, eine Mutter zu haben. Auch davon, dass nicht jeder eine Mutter hat und dass es gut ist, sich um die Mutter zu kümmern, solange sie noch da ist. Der Leserbriefschreiber hatte viel Gutes dazu zu sagen, aber am meisten freute mich sein letzter Satz: »Eine gute Kolumne beschreibt etwas, was man schon wusste, worüber man aber nicht nachgedacht hatte.«

Dieser Satz trifft es genau. Genau darum geht es in den kurzen Texten, die wir Kolumnen oder Glossen nennen. Es geht nicht darum, etwas Neues zu sagen, sondern eine Sprache zu finden für das, was wir alle bisweilen denken oder empfinden. Hier wird das Wort wichtig, oder besser gesagt: Hier müssen die bekannten Wörter so gesetzt sein, dass die Gedanken plötzlich sichtbar werden.

Genau das verstehe ich als meinen Auftrag: Ich will unsere Aufmerksamkeit auf das lenken, was uns alltäglich und selbstverständlich erscheint, und ihm den richtigen Wert beimessen. Ich möchte, dass wir all das sehen, was wir haben und woran wir kaum einen Gedanken verschwenden – ob wir es gleich um die Ecke finden oder im unendlichen Kosmos des Glaubens.

Seit dem Herbst 1985 schreibe ich Kolumnen für mehrere schwedische Zeitungen. Damals studierte ich in England und machte meine ersten Schritte als gelegentlicher Kolumnenschreiber der Zeitung *Dagen* in Form von einigen ziemlich salbungsvollen Betrachtungen zu Vorgängen in der christlichen Welt. Aus dem Gelegenheitsjob wurde eine feste Verpflichtung, die zu immer mehr Aufträgen führte. Die Jahre gingen ins Land – und es war keins dabei, in dem ich nicht Kolumnen geschrieben hätte.

Das Regelmäßige dieser Tätigkeit gibt ihr eine Funktion, die der des Pulsmessers gleicht, den ich beim Joggen trage. In festen Abständen verbinde ich ihn mit dem Computer, und schon kann ich meine »Laufgeschichte« betrachten mit ihren Höhen, Tiefen und Mittelwerten. Das Erstaunliche ist, dass praktisch kein Lauf nennenswert vom Mittelwert abweicht. Mal ein bisschen höher, mal ein bisschen niedriger, aber im Grunde immer nah an einem Grundwert, der wohl in meinem Körper verankert ist, und das, obwohl sich die Laufrunden völlig unterschiedlich anfühlen. An manchen Tagen schwebe ich fast, an anderen Tagen quäle ich mich so, dass ich kaum meine Runde schaffe. Aber über Wochen und Monate betrachtet, sind die Veränderungen gering.

Ganz ähnlich ist es mit den kurzen Texten, die ich mir alle drei Wochen abringe. Als ich in den letzten Wochen die Kolumnen der vergangenen Jahre durchging, bis zurück zu Texten, die ich geschrieben hatte, bevor ich bei *Göteborgs*

Posten anfing, fiel mir auf, dass vieles sich ähnelt. Wofür ich damals brannte, dafür brenne ich auch heute noch. Es gibt einen Grundakkord, Linien und einen inneren Zusammenhalt. Etwas, das erst deutlich wird, wenn man wie mit einem Stift die Zeitachse zieht.

Drei Themen tauchen immer wieder auf. Das erste war titelgebend für dieses Buch: der Kampf mit all dem, was wir »müssen«, besser gesagt: mit all dem, was übertriebene Forderungen an uns stellt. Solange ich schreibe, verfechte ich schon den Gedanken, dass das Leben ohne Anforderungen ein Mythos ist. Es gibt nämlich einen Unterschied zwischen Anforderung und Anforderung, zwischen Muss und Muss. Ein notwendiges Muss nenne ich ein Liebes-Muss, denn ich habe die Beobachtung gemacht, dass sich ein Muss, wenn es um Liebe geht, unmerklich in eine »Sehnsucht nach« oder »Lust auf« verwandelt. In der Beziehung zu einem Menschen, den man liebt, muss man vieles, aber diese Anforderung ist alles andere als eine Last. »Ich muss deine Stimme hören.« »Ich muss dich treffen.«

Ja, es gibt vieles, was man nicht muss. Doch wenn ich das so behaupte, heißt das nicht, dass ich alle Anforderungen auf die leichte Schulter nehme. Vielmehr geht es mir darum, die Wichtigkeit des Sortierens zu zeigen, das eine Grundfertigkeit unseres Lebens sein sollte. Das Leben ernst zu nehmen und unsere Verantwortung wahrzunehmen, bedeutet, dass wir jedes unnötige Muss aussortieren, weil es unser Leben belastet, statt Platz, Kraft und Licht für das Liebes-Muss zu lassen.

Unser Zuhause muss nicht immer picobello aussehen, wir

müssen nicht alle Bücher gelesen haben, über die man gerade spricht, man muss nicht immer gut drauf sein. Man muss im Beruf nicht immer Ja sagen, um als loyaler Arbeitnehmer zu gelten. Man muss nicht mehr Sport treiben, als dem Körper angenehm ist. Verantwortlich zu leben bedeutet hier, auszusortieren, denn es gibt vieles, was man nicht muss. Und jedes Mal, wenn man einer unnötigen Anforderung nicht nachkommt, macht ein Seufzer der Erleichterung unser Leben angenehmer.

Das Muss der Liebe ist dagegen keine Option. Es ist tatsächlich ein Muss oder, um es mit der Bibel zu sagen: »Die Liebe drängt uns« (2. Korinther 5,14).

Das zweite Thema, das alle meine Kolumnen durchzieht, ist der Glaube als tragende Kraft. Ein Mann sprach mich auf der Straße an und erzählte, dass er eins meiner Bücher gelesen habe. Es habe ihm gut gefallen, mit Ausnahme von einer Sache: dass es dauernd um Gott ginge, um den Glauben und manchmal sogar um Bibelverse. Der Mann gab mir auch gleich einen Tipp: »Falls Sie weitere Bücher schreiben sollten« – es klang, als sei das nicht unbedingt notwendig –, »dann sammeln Sie alles, was mit Religion zu tun hat, und packen es in ein letztes Kapitel. Dann können wir, die dafür kein Interesse aufbringen, die ersten zwanzig Kapitel lesen und das Buch zur Seite legen, wenn Sie mit dem Thema Religion loslegen. Dann wäre es auch für uns ein gutes Buch – und wer will, kann ja weiterlesen.« Ein Buch mit zwei verschiedenen Schlüssen also. (Wer sich theologisch mit dem Weltgericht befasst hat, wird schon einmal vom doppelten Ausgang gehört haben.)

Meine Antwort kam spontan: »Eine super Idee! Aber völlig undurchführbar.« Dann erklärte ich ihm, dass der Glaube in meinem Leben nicht etwas ist, das man sozusagen ausbeinen kann, wie man die Gräten aus dem Fisch entfernt. Denn der Glaube findet sich in jedem Kapitel unseres Lebens. Er ist wie ein Farbbad, in das aller Stoff getaucht wurde, aus dem unser Leben gewoben ist. Diese Farbe durchfärbt alles, das ganze Leben.

Während ich mich in den letzten Wochen durch einen großen grauen Pappkarton voller angegilbter Zeitungsausschnitte mit Texten aus meiner ersten Zeit als Schreiberling arbeitete, stellte ich fest, dass der Glaube auch dort nicht nur irgendwo vorkam. Er war der Grund, warum ich schrieb. Und ist es immer noch.

Ich habe nebenbei festgestellt, dass ich auch einen Glauben ohne Anforderungen immer schon für einen Mythos hielt. Der Kampf – und den gibt es tatsächlich – besteht unter anderem darin, sich allen Kräften entgegenzustemmen, die den Glauben auf Fragen des Lebensstils oder der Moral begrenzen wollen, statt dem Befreienden und der Kraft des Glaubens Raum zu geben. Auch im Umfeld des Glaubens gibt es vieles, was man nicht muss.

Das dritte Thema ist die Liebe. Das lieben, was ist. So, wie es ist. Das Staunen darüber, dass solch eine Liebe niemals stillsteht. Sie treibt unser Leben voran – und in der Rückschau betrachtet, ist sie die Voraussetzung für alles Wachstum und jede Veränderung, die wir auf unserem Weg erlebt haben.

Was der Leserbriefschreiber sagt, stimmt auch für das Schreiben über Glaube und Liebe. Es geht um den Versuch,

Worte für das zu finden, was wir schon wissen, worüber wir aber nicht nachgedacht haben. Dieses Buch enthält 77 solcher Versuche.

Tomas Sjödin

Das Jetzt braucht einen Zusammenhang

Es gibt so viel, was man nicht muss!

Seit einer Reihe von Jahren erscheinen ständig neue Bücher mit Titeln, die alle so ähnlich heißen wie »101 Sachen, die du tun musst, bevor du stirbst«. Bei den Online-Buchhändlern fand ich über zwanzig Titel, die ganz ähnlich klangen und deren Umsetzung natürlich unmöglich ist: »1001 Bücher, die Sie lesen sollten, bevor das Leben vorbei ist«, »101 Horrorfilme, die Sie sehen sollten, bevor das Leben vorbei ist«, »101 Biersorten, die Sie trinken sollten …« und – wohl das am schwersten umzusetzende Projekt – »1001 Naturwunder, die Sie sehen sollten …«. Sicher ein ganz besonderes Buch, nur dass es einen Titel hat, der einen ein bisschen stresst.

Als ich ein Kind war, gab es genau sieben Weltwunder. Schon damals wusste ich, dass ich es vermutlich nicht schaffen würde, sie zu sehen, und wenn doch, dann höchstens eins oder zwei davon. Jetzt soll ich mir über 1000 Naturwunder ansehen. Und ich soll sie alle anschauen, bevor das

Leben vorbei ist. Der Gedanke dahinter: Wenn man eines Tages auf sein Leben zurückschaut und sagen kann, dass man wirklich gelebt hat, dann war man auf jeden Fall sehr fleißig unterwegs.

Da hat sich offenbar etwas verschoben: von der Dankbarkeit für alles, was man erleben durfte, hin zum Bedauern all dessen, was man verpasst hat. Eine Art Trauer wegen all des Ungetanen. Als sei das Leben an sich nicht bedeutungsvoll genug, fühlt man sich gezwungen, all die Bücher zu betrauern, die man nicht gelesen hat, die Filme, zu denen man es nicht ins Kino geschafft hat. Man fühlt sich gezwungen zu bedauern, dass man vermutlich nie den Machu Picchu in Peru sehen wird oder die merkwürdigen Steinfiguren, die auf den Osterinseln stehen.

Nicht selten strömt eine überraschende Freude in unser Leben, wenn eine Begierde auf ein freundliches Nein trifft.

»Wenn du einen Menschen glücklich machen willst, dann füge nichts seinen Reichtümern hinzu, sondern nimm ihm einige von seinen Wünschen«, sagte schon Epikur, ein griechischer Philosoph, der etwa 300 Jahre vor Christus lebte. Er stützte sich auf Schriften, in denen die Begrenzung als Befreiung gefeiert wurde. Sich enthalten, Nein sagen, die Begierden lenken, das alles bedeutet, etwas Größerem Raum zu geben und einen Platz zu schaffen, an dem es wachsen kann. Die Begierden sind gut, aber wenn sie als wilde Horde auftauchen, ist es klug, ein bisschen streng zu sein. Nicht selten strömt eine überraschende Freude in unser Leben, wenn eine Begierde auf ein freundliches Nein trifft. Es gibt so viel, was man nicht muss und noch nicht einmal braucht.

Ich denke an einen gestressten Geschäftsmann, der sich ein paar Tage frei nehmen wollte, um wegzufahren und sich auszuruhen. Er hatte gehört, man könne in einem nahegelegenen Kloster zu einem günstigen Preis unterkommen. Das Angebot fand er zwar etwas seltsam, wollte es aber testen. Gesagt, getan. Er rief an, erkundigte sich bei den Klosterbrüdern und wurde bald herzlich willkommen geheißen.

Im Kloster angekommen, zeigte man ihm das Gästehaus und den kahlen Raum, der ihm zugewiesen worden war. Der freundliche Mönch, der ihn begleitete, nannte die Essenszeiten und die Gebetszeiten und betonte, dass alles freiwillig sei. Dann wandte er sich zur Tür, um zu gehen, drehte sich aber noch einmal um. »Übrigens: Wenn Sie noch irgendetwas brauchen, sagen Sie es uns! Dann zeigen wir Ihnen, wie man darauf verzichtet.«

Das Schaffen-Müssen sein lassen

Ich treffe immer mehr Menschen, die von sich behaupten, dass sie den Anforderungen, die an sie gestellt werden, nicht genügen. Nicht als Eltern, nicht als Partner, weder zu Hause noch im Beruf. Und vor allem nicht gleichzeitig zu Hause und im Beruf. Wenn es an der einen Stelle funktioniert, dann ist an der anderen Not am Mann, und beim tiefen Ausatmen kommt der Seufzer: »Ich schaff's einfach nicht.« Die Frage muss also heißen: Wer hat uns den Gedanken eingepflanzt, dass wir »es schaffen« müssen? Und wer hat überhaupt festgelegt und normiert, was »schaffen« und »genügen« heißt?

Neulich begegnete mir ein Text, der mir klargemacht hat, dass das Problem keineswegs neu ist, sondern sich bereits in einer Quelle beschrieben findet, die fast 3000 Jahre alt ist – im Buch des Propheten Jesaja. Der Prophet beschreibt das Gefühl, nicht zu genügen, so: »Das Bett ist zu kurz, um sich darin auszustrecken, die Decke zu knapp, um sich damit zuzudecken« (Jesaja 28,19). Ein sehr sprechender Beweis dafür, dass der Mensch sich über die Jahrtausende wenig verändert und schon immer mit den eigenen Ansprüchen und denen der anderen herumgeschlagen hat.

Wer schon einmal versucht hat, trotz einer zu kurzen Bettdecke einzuschlafen, weiß, was der fröstelnde Prophet meinte. Wenn man es sich gemütlich macht und die Decke über die Schultern zieht, ragen die Zehen unbedeckt in die kalte Luft des Schlafzimmers. Wenn man sie bedeckt, friert man bis zur Brust.

Wenn man erkennt, dass man es alleine nicht schafft, öffnet man sein Leben für die helfenden Kräfte, die verfügbar sind.

Kann es sein, dass das eine menschliche Grundbefindlichkeit ist: Immer fehlt etwas? Und dass eine Idee dahintersteckt: dass wir uns nämlich zusammentun sollen, uns nicht mit den eigenen Ressourcen zufriedengeben und uns weigern, das Dasein auf die innerweltlichen Dinge zu begrenzen?

Wenn man erkennt, dass man es alleine nicht schafft, öffnet man sein Leben für die helfenden Kräfte, die verfügbar sind. Die Situationen, in denen mein Leben eine neue und unerwartete Wendung genommen hat, waren selten die, in denen ich mich zusammengerissen und es noch einmal versucht habe, sondern solche, in denen ich aufgehört habe, mich zusammenzureißen, die Zügel aus der Hand gegeben und Hilfe angenommen habe. Hilfe von Gott und von Menschen.

Es gibt ein Wort mit nur fünf Buchstaben, das diese Erfahrung beschreibt: Gnade. Gnade ist das, was die Decke verlängert, sodass man sich in seiner vollen Länge ausstrecken kann, ohne kalte Füße zu bekommen.

In der letzten Woche las ich über den Mathematiker und Physiker Blaise Pascal und wie er seine zentrale geistliche Erkenntnis in dem zusammenfasste, was seitdem Pascals »Mémorial« heißt: in einer Sammlung von Glaubenssätzen. Ich will mich nicht mit Pascal vergleichen, aber noch am selben Tag habe ich mich hingesetzt und »Sjödins Glaubenssätze« formuliert. Falls sie außer mir selbst auch jemand anderem von Nutzen sein sollten, würde mich das sehr freuen. Sie lauten wie folgt – und gelernt habe ich sie von meinen kranken Söhnen: *Man muss nicht genügen. Es genügt, dass man da ist. Alles, was darüber hinausgeht, ist ein Bonus.*

Wird das Jetzt überschätzt?

Man kann sich schon ein bisschen gestresst fühlen bei dem Gedanken, dass das Einzige, was zählt, unser Leben im Hier und Jetzt sein soll. »Man muss im Jetzt leben«, heißt es, und: »Carpe diem!«, oder: »Begegne dem Augenblick mit Achtsamkeit!«

Ist das nicht zu eindimensional? Wäre es nicht auch mal schön, im Dort und Damals zu leben? In den guten Erinnerungen und schönen Träumen? Das Jetzt hat seinen Wert, aber auch seine Grenzen. Warum findet sich niemand, der uns ermahnt, den morgigen Tag zu genießen?

Diese Gedanken kamen mir, als ich mich von meinem Navi nach Bor in Småland leiten ließ, um einen Vortrag zu halten. Ich landete in Bor, aber im falschen. Es gibt offenbar mindestens zwei. Jetzt wurde es knapp – keine gute Voraussetzung für einen Vortrag zum Thema Ruhe. Andererseits ist das Leben nun mal so, wie es ist: selten ideal. Ich kramte schnell unseren alten Autoatlas hervor, dummerweise ein völlig überholtes Exemplar. Bei jeder größeren Reise haben wir uns schon geschworen, einen neuen zu kaufen. Leider vergisst man so etwas natürlich – bis man wieder im Auto sitzt und zu einem Ort will, den man partout nicht findet.

Wer nur im Jetzt lebt, riskiert, sich in ihm zu verlieren. Und statt den Moment zu genießen, ist man an ihn gefesselt.

Das Problem mit dem Autoatlas ist natürlich nicht, dass die Städte am falschen Ort lägen oder Wege fehlten, das Problem ist die Einteilung der Karten. Wenn man von A nach B will, muss man oft mehrfach umblättern, und während man noch die Finger als Lesezeichen zwischen den Seiten hält, hat man sich schon verirrt. Am rechten Rand der einen Karte zeigt ein Pfeil, dass es auf einer anderen Karte, acht Seiten weiter hinten, sagen wir auf Seite 34, weitergeht, dort finden wir aber am oberen Ende einen neuen Pfeil, und so weiter. Zur Verteidigung unseres Autoatlasses muss ich allerdings sagen, dass er ein sehr handliches Format hat und wenig Platz wegnimmt. Das Problem ist nur, dass der Überblick fehlt.

Es fühlte sich deshalb wie eine Befreiung an, als ich neulich in der Rumpelkammer eine große, billige Karte fand, so eine, wie man sie früher an Tankstellen bekam. Wenn man sie öffnet, bedeckt sie Armatur, Lenkrad und Knie. Sie ist etwas monströs, aber sie bietet einen sehr guten Überblick.

Manchmal frage ich mich, ob der Grund für mein eigenes Irregehen und das unserer Zeit vielleicht darin liegt, dass wir immer nur einen Kartenausschnitt vor uns sehen. Dass wir das große Bild gegen das im Hosentaschenformat getauscht haben. Es hat seinen Preis: Sich zu orientieren, ist schwer bis unmöglich geworden. Schon immer hat der Mensch das Bedürfnis gehabt, nach dem Woher und dem Wohin zu fragen. Wer nur im Jetzt lebt, riskiert, sich in ihm zu verlieren. Und statt den Moment zu genießen, ist man an ihn gefesselt.

Ich glaube, dass wir die langen Linien brauchen, die unhandlichen Karten, die uns eine Perspektive ermöglichen. Solche »Karten« können natürlich ganz unterschiedlich aussehen. Für mich ist der Glaube dieses »größere Bild« geworden. Der Glaube, dass hinter unserem Leben ein Gedanke steht und dass es ein Ziel hat. Der Glaube, dass unser Gastspiel auf der Erde nicht das einer Eintagsfliege ist. Dass das Leben nicht nur vorübergehend, sondern auch ewig ist.

Nein, das Jetzt kann kaum überschätzt werden, aber ich glaube immer mehr, dass wir einen Zusammenhang brauchen. Es reicht nicht, den Tag zu nutzen und zu genießen. Es geht um das Leben. Und das ist eine Geschichte, die ein bisschen mehr Platz braucht.

Sagen, wie es ist

Je mehr Menschen ich kennenlerne, desto öfter denke ich: Wenn alle Leute ihre Probleme in durchsichtigen Plastikbehältern bei sich tragen würden, würde keiner tauschen wollen. Jeder hat seine eigene Kiste, und nur wenn man sehr großen Abstand hält, kann man sich der Illusion hingeben, es gäbe Menschen, die es einfach immer nur gut haben.

Die meisten Probleme tauchen in so gut wie jeder Lebensgeschichte auf. Jedenfalls sieht es mir ganz danach aus.

Wie viel wärmer und menschlicher könnte das Leben sein, wenn wir einander ein bisschen öfter wenigstens einen kurzen Blick in unsere Kiste gewähren würden, sie für einen Moment durchsichtig machen würden.

Auf die Gefahr hin, wie jemand dazustehen, der auch einfache Dinge gern verkompliziert: Ich behaupte, dass eine aufrichtige Antwort auf die Frage »Wie geht's?« zu den schwierigsten Dingen gehört, die man sich vorstellen kann. Wir haben ein Dutzend Antworten auf Lager, Antworten, die nur dazu da sind, *nicht* zu sagen, wie es uns geht: »Danke, gut.« – »Man schlägt sich durch.« – »Alles in Butter.« – »Ich kann nicht klagen.« Und so weiter.

Warum sagen wir das?

Vielleicht ist es einfach unsere Art auszudrücken, dass wir die Frage jetzt nicht beantworten wollen, dass wir, um wirklich zu sagen, wie es uns geht, eine bestimmte Atmosphäre, genügend Zeit und einen sicheren Raum bräuchten; dass wir als Antwort auf diese Frage eine längere Geschichte erzählen müssten. Jetzt aufrichtig zu antworten, wäre einfach unpassend. Da sagen wir lieber, dass alles in Ordnung ist, wir gesund sind und keine Sorgen haben. Fertig. Es macht die Sache nun mal einfacher.

Wenn alle Leute ihre Probleme in durchsichtigen Plastikbehältern bei sich tragen würden, würde keiner tauschen wollen.

Der polnisch-amerikanische Rabbiner und Philosoph Abraham Joshua Heschel (1907–1972) hatte eine andere Art, seine Mitmenschen zu betrachten: »Ich beurteile Menschen danach, wie tief die Probleme sind, auf die sie sich einlassen«, sagte er und betonte gleichzeitig, dass nicht nur der Mensch Probleme hat, sondern dass auch Gott sich ständig mit Problemen herumschlägt. Dieser gemeinsame Kampf gehöre zum Leben und sei ein Punkt, an dem Mensch und Gott sich berühren. Ich finde diesen Gedanken unendlich tröstlich. Und hoffnungsvoll.

Die Grundlage aller Weltanschauungen ist ja die richtige Beschreibung des aktuellen Zustands. Erst wenn diese Beschreibung steht, kann man skizzieren, wohin man will und wie man dieses Ziel zu erreichen denkt. Aber man beginnt immer dort, wo man gerade steht. Und dieses Jetzt ist selten ideal. Wenn etwas die Chance bekommen soll, anders zu werden, beginnt man, auch wenn es paradox erscheint, also mit der Einsicht in den Ist-Zustand. Es wird schon dadurch ein bisschen besser, dass man sagen darf, dass die Dinge nicht gut sind. Das klingt verdreht, aber ich glaube, es ist wahr.

Wenn alle Leute ihre Probleme in durchsichtigen Plastikbehältern bei sich tragen würden, würde keiner tauschen wollen. Dennoch glaube ich allen Ernstes, dass all unsere Behältnisse dann ein klein bisschen leichter zu tragen wären. Dass ein Kilo, um mit dem Literaturnobelpreisträger Tranströmer zu sprechen, plötzlich nur noch 700 Gramm schwer wäre. Mehr nicht.

PS: Lange nachdem ich diesen Text geschrieben hatte, habe ich erfahren, dass die Schriftstellerin und Kolumnistin Hillevi Wahl die Urheberin des Gedankens ist, dass jeder Mensch sein Leben in einer Plastiktüte mit sich trägt. Ich möchte ihr an dieser Stelle danken, nachträglich und von ganzem Herzen.

Ein gutes Wort

Fast jede Woche schreibe ich eine Traueransprache. Traueransprachen sind die heikelsten Texte, die man in meinem Beruf schreibt. Und ein Begräbnis gut zu gestalten, ist eine Aufgabe, die zu lernen man sein ganzes Leben braucht. Trauerreden gehören außerdem zu den Texten, die man nicht wiederverwenden kann. Einen Vortrag kann ich wiederholen, eine Predigt auch, eine Trauerrede nicht. Sie ist einmal gültig, danach nie mehr. Der Lebensweg jedes Menschen ist einzigartig, und es ist mir wichtig, dass diese Tatsache in allem, was ich sage, deutlich wird.

Andere mögen da anderer Auffassung sein, ich halte mich an dies: In den wenigen Minuten, die ich habe, will ich das zusammentragen, was für den Menschen, dessen irdisches Leben zu Ende gegangen ist, charakteristisch war. Das Bild, das ich zeichne, soll wahr und aufrichtig sein, dennoch konzentriere ich mich auf die guten Seiten und guten Erinnerungen: die Liebe und Fürsorge, die Eigenschaften des Verstorbenen, die seine Umgebung positiv geprägt haben, kurz: das, woran man sich erinnern möchte.

Ich mag es, auf diese Weise an einen anderen Menschen zu denken, vor allem, wenn man dieses Denken auf den Umgang unter den Lebenden überträgt. Es ist eine Kunst, die Augen nicht vor dem Negativen und allem, was sich ändern muss, zu verschließen und dennoch bewusst das Gute wahrzunehmen. Es passiert so leicht, dass man sich an dem, was man zu kritisieren hat, festbeißt: an Fehlern, unpassenden Äußerungen und schwer zu ertragenden Eigenschaften. Da hat man blitzschnell ein Urteil parat. Dazu ist es so schrecklich bequem, sich am Negativen aufzuhängen, es unter Bekannten oder Kollegen weiterzuerzählen, ohne daran zu denken, dass man gerade eine schlechte Saat ausstreut.

Es ist eine Kunst, die Augen nicht vor dem Negativen und allem, was sich ändern muss, zu verschließen und dennoch bewusst das Gute wahrzunehmen.

»Was ich nicht weiß, macht mich nicht heiß«, sagt das Sprichwort. Ich glaube das nicht. Wir leiden an vielen Dingen, die wir nicht wissen. Die Seele ist äußerst empfindlich. Es muss deshalb für uns Ehrensache sein, es zu einer unserer wichtigsten Lebensaufgaben zu machen, das Gute im anderen zu sehen und zu vermehren.

Einer der schönsten Sätze der Bibel heißt: »Ich empfehle euch unsere Schwester Phöbe« (Römer 16,1). Die Frau, von der dort die Rede ist, kommt in der Bibel nur ein einziges Mal vor. Ihr Name bedeutet »die Leuchtende« oder »die Strahlende«. Die meisten Bibelausleger glauben, dass sie es war, die den Brief, den Paulus in Korinth einem Schreiber diktiert hatte, nach Rom brachte. Ansonsten bleibt sie eine der großen Unbekannten der Kirchengeschichte. Wir wissen nichts von ihr, nur dass Paulus bei Menschen, die sie noch nicht kannten, ein gutes Wort für sie einlegte. Ist das nicht ein wunderschöner Gedanke?

Man könnte sagen, dass jeder Mensch, der in diese Welt eintritt, eine Phöbe ist, also jemand, der etwas mit sich bringt, das die Welt braucht, aber auch jemand, der den Gedanken der anderen, ihren Blicken und Haltungen ausgeliefert ist. Dass es da jemanden gibt, der an einen glaubt und diesen Glauben in gute Worte, in eine Empfehlung fasst, kann das sein, was von Resignation zu neuem Mut führt.

Es gibt immer ein gutes Wort, das man über einen Menschen sagen kann. Sag es!

Mit weit geöffneten Augen leben

Nach einem Herbst mit sehr viel Arbeit an allen möglichen Fronten bringen der Januar und der Februar mir eine unerwartete Ruhezeit.

Man wird zu einem schlechteren Menschen, wenn man durch sein Leben hetzt, das lässt sich gar nicht vermeiden. Das schönste Geschenk, das ich denen machen kann, die ich liebe – und das entdecke ich als Lebensgefährte und Vater immer mehr: so zu leben, dass ich nicht ständig müde und gestresst bin. Mich auszuruhen bedeutet also zu lieben.

So vieles wird von Füßen niedergetrampelt, die sich übertrieben schnell bewegen! Ein wunderbarer Kontrast dazu ist das gesegnete Herumpusseln an diesem oder jenem, also jene Zeit, in der man Dinge tut, um danach festzustellen, dass man nichts Weltbewegendes getan hat. Und damit zufrieden ist.

Am Telefon habe ich neulich meinem alten Freund gesagt, dass ich glaube, man könne den Zustand des eigenen Lebens am Verhältnis zu den alltäglichen Beschäftigungen ablesen. Schafft man es, die Vögel zu füttern, Kies auf die Wege zu streuen, Feuer im Kamin zu machen, nach dem Barometer zu schauen und einen Brief zu beantworten, dann ist das Tempo genau richtig. Er, der schon viel länger lebt als ich, lachte, wie er es immer tut, und meinte dann, das sei ein guter Geschwindigkeitsmesser.

Schafft man es, die Vögel zu füttern, Kies auf die Wege zu streuen, Feuer im Kamin zu machen, nach dem Barometer zu schauen und einen Brief zu beantworten, dann ist das Tempo genau richtig.

Eigentlich sind die meisten Dinge schön, wenn man genug Zeit für sie hat. Sogar Putzen ist schön, wenn man nicht zwischen zwei wichtigen Aufträgen mit dem Staubsauger durchs Haus jagt. Eile ist die Erzfeindin von Freude und Genuss. Sie verstellt den Blick für das Naheliegende und behindert schließlich auch noch die Gabe, die den schönen Namen Staunen trägt.

Gestern lauschte ich dem Gespräch zweier Kinder. Egal, was der Kleine erzählte, der Große sagte immer: »Weiß ich doch!« Der Kleine hatte gehört, dass manche Schlangenarten ekelhaft groß werden können. »Weiß ich doch!«, antwortete der Große und erzählte von Schlangen, die die zuvor genannten wie Regenwürmer aussehen ließen.

Auf die Länge war das für den Kleinen sicher nicht lustig, aber noch trauriger ist es eigentlich, wenn man derjenige ist, der immer schon alles weiß, der aufgehört hat, überrascht und erstaunt zu sein.

Erwachsene, die nicht »Mannomann!« oder »Das gibt's doch gar nicht!« rufen, haben aufgehört zu wachsen. Vielleicht sollte man das Staunen zum Volkssport erheben? Die Partei der Leute mit den großen Augen gründen?

Während ich das schreibe, sitze ich an einem warmen Plätzchen auf einem Balkon, um mich einige Tage lang in das Werk eines Autors zu vertiefen, der der Poet und große Stolz meiner Heimat ist, in das Werk des Arbeiterdichters Birger Norman. Von Ferne höre ich die Stimmen von Familien, die mit ihren Kindern Winterferien machen. Ich weiß, dass es ein fast unverschämter Luxus ist, hier eine ganze Woche sitzen zu dürfen, und beinahe dreist, den Daheimgebliebenen davon zu berichten. Aber von diesem Balkon aus, mit der Aussicht auf ein Meer, das nicht das heimische ist, einsam bis auf meinen Computer und meine Norman-Birger-Büchersammlung, schicke ich fünf Norman-Zeilen. Falls ich die Partei der Leute mit den großen Augen gründen sollte, wäre dies ihr Manifest:

Wir sind; die Welt ist,
Es gibt etwas. Das Wunder!
Leugnen, dass es Gott gibt?
Tu es, du, der du glaubst,
dass es hilft.

So, wie wir gerade leben

Wieder Buchmesse. Ich will eigentlich nicht hin, schaffe es aber auch nicht wegzubleiben. Gleichzeitig verrückt und wunderbar. Überlege manchmal, wie ein Leben ohne Bücher aussähe. Ich denke an die Bücher, die ich im Laufe der vielen Jahre in der Hand gehalten habe, und besonders an die Bücher, die ich sehr oft im Leben in der Hand hatte. Davon besitze ich einige, und neulich habe ich mal überlegt, was diesen ganz unterschiedlichen Freunden gemeinsam ist. Ich glaube, ich habe es herausgefunden: Sie leisten einem Gesellschaft angesichts der Kluft zwischen dem, was ist, und dem, wovon man träumt, wohin man nie richtig gelangt. Dennoch ist es alles andere als Literatur zum Sichwegsehnen. Eher zum Sichhinsehnen.

Meine Gefährtin fand es lustig, dass ich die Hälfte unseres Urlaubs einem Buch über Stille widmete. »Ich kann mir kaum einen Menschen denken, der redseliger ist als du«, erklärte sie mir.

»Wart's mal ab«, sagte ich.

Genauso lustig fand sie es, dass ich im Spätsommer buchstäblich Tage und Nächte über den Tagebüchern von Pater Alexander Schmemann hing und ihn zur Zeit und Unzeit zitierte. Zehn Jahre tägliche Aufzeichnungen eines in New York lebenden orthodoxen Priesters mit russisch-estnischen Wurzeln. Verrückt, wie sehr man sich im Leben eines Menschen zu Hause fühlen kann, das doch ganz anders ist als das eigene.

Meine Gefährtin fand es lustig, dass ich die Hälfte unseres Urlaubs einem Buch über Stille widmete. »Ich kann mir kaum einen Menschen denken, der redseliger ist als du«, erklärte sie mir.

Der Grund ist einfach: Die Unterschiede berühren nur das Äußere. Dennoch pocht in diesem Leben mit einem ganz anderen Lebensweg und Lebensstil ein Herz, das das eigene sein könnte.

Schmemann ficht einen ungleichen Kampf aus mit all dem, was getan werden muss, mit offiziellen Aufträgen, Konferenzen, Reisen und den vielen Vorträgen, die vorbereitet und gehalten werden wollen, während er doch eigentlich nur in seinem stillen Haus sitzen und Bücher schreiben möchte. Jahre vergehen, ohne dass sich daran etwas ändert. Die Kluft zwischen dem, was ist, und dem, wonach er sich sehnt, verkleinert sich so gut wie nicht. Aber wenn man heute in seinen Tagebüchern liest, dann erkennt man sie genau – die Stunden der Seligkeit. Am 7. April 1973 schreibt Schmemann: »Was ist Glück? So zu leben, wie wir es gerade tun, mit L [seiner Ehefrau], nur wir zwei, jede Stunde auskostend. Kein bestimmtes Gesprächsthema. Alles ist klar und deshalb so genussvoll.« Danach folgt die Überlegung, ob eine gute Beziehung nicht immer weniger und noch weniger Worte benötigt, auch die Beziehung zu Gott, bis in der Ewigkeit nur noch drei Worte bleiben: »Heilig, heilig, heilig.«

Ich bin zu Tränen gerührt, während ich meiner Frau diese Stelle in einem spätsommerlichen Licht vorlese. Und sie lacht! »Übst du schon?«, fragt sie mich, und ich antworte etwas geniert: »Ja …, aber ich mache keine großen Fortschritte.«

Es ist gut, so wie es ist. Und doch sehne ich mich nach mehr Wesentlichkeit, nach mehr Einfachheit. Hätte ich das Ziel schon erreicht, wäre das Abenteuer vorüber. Die Sehnsucht ist der ferne Klang von etwas, das es tatsächlich gibt. Und es gibt Augenblicke, da ist mir eins völlig klar: Ich wünsche mir nichts anderes, als so zu leben, wie wir es gerade tun, und so aufmerksam zu sein, dass mir die Schönheit des Augenblicks nicht entgeht.

Doggerbank

Es gibt nichts Beruhigenderes als einen Seewetterbericht. Außer mir gibt es noch viele andere Menschen, die ihm auf eine geradezu rituelle Weise lauschen und dabei bemerken, dass sich so etwas wie Andacht einstellt, wenn raue Stimmen aus Nörrköping von den verschiedenen Seelandschaften berichten. Wörter – fremd, aber durch häufige Wiederholung doch vertraut – folgen einander wie die Perlen des Rosenkranz': Doggerbank. Südwest, vier Meter pro Sekunde. Abnehmend. Måseskär Südwest drei. Gute Sicht. Und weiter perlt es aus dem Radio: Fladen, Fiskebankarna, Utsira Syd.

Die Temperatur steigt und sinkt. Die Winde drehen und drehen noch einmal. Eine steife Brise beunruhigt gelegentlich, legt sich aber wieder. Muss sich legen. An den sagenumwobenen Orten, von denen ich seit meiner Kindheit höre, weiß man, dass sich auch das heftigste Unwetter früher oder später legt.

Obwohl man diese Berichte für das eigene tägliche Leben überhaupt nicht braucht – es ist ja egal, ob bei Hoburg ein Orkan tobt oder ob es aus Eimern gießt, wenn doch zu

Hause in Säve die Sonne scheint –, der Seewetterbericht ist kein unwichtiger Teil des Alltags. Er gehört einfach dazu. Es wäre sehr schade, wenn es ihn nicht mehr gäbe. Denn solange der schwedische Wetterdienst dreimal am Tag wie vom Minarett seine Botschaft ruft, so lange ist alles in Ordnung. Die Welt geht nicht unter – schon vor Tagesanbruch sind Menschen aufgestanden, um das festzustellen. Und ich will wissen, ob die Winde bei Arkona abnehmen oder zunehmen. Ich will auch einen täglichen Eisbericht hören: wie dick das Eis ist und wo die Eisgrenze gerade verläuft. Es fühlt sich gut an, das zu wissen, und wird man nicht zu einem demütigeren Menschen, wenn man weiß, dass am Kattegat ein steifer Wind bläst?

Solange der schwedische Wetterdienst dreimal am Tag wie vom Minarett seine Botschaft ruft, so lange ist alles in Ordnung.

Ich habe manchmal schon gedacht, dass der Seewetterbericht die perfekte Programmidee für das Fernsehen wäre. So etwas Ähnliches gibt es schon in den USA, wo viele Strände mit Kameras überwacht werden. Dabei geht es nicht um lebensnotwendige Informationen für Seeleute und Fischer, sondern um einen Service für Sonnenanbeter. Aber nein, aus dem Seewetterbericht ein Fernsehprogramm zu machen, das würde ihn entweihen. Es ist besser, man weiß nicht, wie es bei Almagrund aussieht. Das beflügelt die Fantasie. Einige Momente lang schweben die Gedanken an den schwedischen Küsten entlang. Das aufgewühlte Meer stößt mich vor und zurück, ich höre, wie der Wind in den Masten eines vertäuten Schiffs heult, und finde Halt im Anblick des Leuchtturms. Hier sind wilde Wellen, kämpfende Kähne und schreiende Möwen, aber auch stille Buchten, in denen nichts – absolut nichts – passiert. Weit entfernt von der Zivilisation steht das Leben still.

Die schwedischen Küsten einmal entlangzustreifen, ist ein Segeltörn der Seele. Es stellt unser Leben in einen größeren Zusammenhang und dämpft die Unruhe. Wen schert es, dass die Börsenwerte in Tokio fallen oder steigen? Wen kümmern schon die Aktienkurse?

Die Nebel an der Doggerbank lichten sich und das Leben geht weiter.

Der Wald ist leer

Aufwachen an einem freien, einsamen Sonntag in einem kleinen, entlegenen Dorf, das ich aufgesucht habe, um in Ruhe zu schreiben. Weil ich versuche, an Sonntagen nichts zu tun, was irgendeinen Nutzwert hat, fällt mir nur eins ein: Ab nach draußen. »Ab nach draußen« ist eine Wortkombination, die bei mir Kindheitserinnerungen weckt.

Ende der Sechzigerjahre. Kramfors, meine Heimatstadt, war noch eine lebendige Gemeinschaft. Die Demontage der Holz verarbeitenden Industrie im Norden hatte schon begonnen, aber noch nicht den Umfang angenommen, den wir später erleben mussten. Es war Samstag. Von der Imbissbude holten wir in unseren neuen Tupperdosen Pommes frites.

Chinesisches Essen und indisches Take-away waren noch unbekannt, Pommes waren neu und spannend und wahnsinnig gut. Wenn das Mittagessen und der Abwasch vorbei waren und Papa beim narkotisierenden Murmeln der Mittagsnachrichten auf P1 sein Nickerchen gemacht hatte, das Gesicht bedeckt von der christlichen Tageszeitung *Dagen*, dann versammelte Mama die Familie mit dem Schlachtruf, der Samstagsvergnügen verhieß: »Ab nach draußen!«

Wir liefen durch die Finnmark, wir rollten mit dem Auto langsam durch Högsta und Nordingrå. Selten hatte die Fahrt ein Ziel. Wir fuhren, um zu fahren. Im Picknickkorb fanden sich Kaffee, eine Flasche Wasser und Butterbrote, die mit gekochten Eiern belegt waren. Wir fuhren einen klapprigen Opel Rekord, bis Papa einen Firmenwagen bekam, einen fabrikneuen Volvo 142. Er war ein Albtraum von einem Auto, und alle Jungs aus unserem Viertel kamen gerannt, um ihn zu betrachten. Papa entschuldigte sich immer wieder für den Volvo und sagte, er gehöre nicht uns, sondern der Firma.

Selten hatte die Fahrt ein Ziel. Wir fuhren, um zu fahren.

Wenn es »ab nach draußen« ging, drehte es sich um das Betrachten. Wir gingen und fuhren durch die Landschaft, machten uns auf Dinge aufmerksam und entdeckten immer etwas Neues. Erst lange Zeit später ging mir auf, dass wir dort draußen fast immer dasselbe sahen. Vielleicht war genau das der Punkt: die Neuentdeckung dessen, was wir schon zu kennen meinten. Heute weiß ich, dass es genau das war. Das Neue steckt im Alten und Gewohnten.

Aber da ist noch ein Aspekt: das Unterwegssein ohne Ziel, ohne irgendetwas zu schaffen, etwas aufzubauen, einen Missstand zu beheben; stattdessen nur Herumfahren oder -gehen und das betrachten, was da schon immer war. Und Kaffee trinken aus der mitgebrachten Thermoskanne.

Heute scheint es auf die Frage, was man mit einem freien Tag machen soll, nur eine Antwort zu geben: Ab zum Shoppen. Der Wald ist durch die Shoppingmall abgelöst worden. In meinen dunkelsten Momenten glaube ich, die Hölle sei ein Einkaufsparadies, das nie schließt. Alles, was man gekauft hat, muss man selbst tragen, und niemand findet den Ausgang. Wenn man es doch hinausschafft, findet man sein Auto nicht und irrt auf einem riesigen Parkplatz umher, der nirgendwo aufhört. Aber das denke ich nur in meinen dunkelsten Momenten.

In meinen hellsten Momenten träume ich davon, mehr Zeit und Verstand zu haben, um die kleinen Pfade der Insel Hisingen, die teilweise zum Göteborger Stadtgebiet gehört, zu erforschen, langsam über die Schotterstraßen zu gehen und auf den langen Reitwegen durch den stillen und doch niemals langweiligen Wald zu wandern.

Der Traum ist leicht zu verwirklichen. Der Wald ist an Feiertagen nämlich leer. Alle sind im Shoppingparadies.

Danke fürs Leihen!

Auf dem Weg zum Pilzesammeln kürzten wir hinter einer Garage den Weg zum Wald ab und betraten dabei aus Versehen für einige Schritte den Rand eines Gartengrundstücks, das zu einem Anwesen gehörte. Sofort flog ein Küchenfenster auf – sehr erstaunlich, wo wir doch dachten, in einer abgeschiedenen Gegend zu sein –, und jemand rief, dass wir gerade ein Privatgrundstück betreten hätten.

»Aber wir gehen nur kurz rüber zum Wald!«, rief ich zurück.

»Das werden Sie nicht tun!«, rief der aufgebrachte Mitmensch. »Das hier ist unser Grundstück!«

Ich ging näher an das Fenster heran, um noch einmal zu erklären, warum wir hier waren. Ohne Erfolg. Wir sollten einfach nur verschwinden. Aber ein bisschen hurtig.

Vermutlich hatten die Besitzer im juristischen Sinne das Recht auf ihrer Seite. Aber aus menschlicher Sicht hatten sie natürlich unrecht. Wir kehrten widerwillig um und fanden einen anderen Weg. Und obwohl dieses Erlebnis schon einige Jahre her ist, erinnere ich mich jedes Mal daran, wenn die Pilzsaison beginnt.

Ich meine keineswegs, dass es egal ist, was dein und was mein ist. Wie sollte eine Gesellschaft, in der das gilt, denn aussehen? Ich mache mir nur Gedanken über unser Verhältnis zu dem, was wir besitzen. Warum wir manchmal so verkrampft an dem festhalten, was wir unser nennen. Wo es anfängt, kleinlich zu werden, wenn es um Grenzziehungen geht, ob im kleinen Maßstab unserer privaten Grundstücke oder im großen Maßstab der Gesellschaft.

Wovon ich überzeugt bin: Unser ganzes Leben ist uns geliehen worden. Deshalb ist es nichts, worüber wir nach eigenem Gutdünken verfügen könnten. Jemand hat es in unsere Hand gegeben, und wenn die »Leihfrist« abgelaufen ist, werden wir es zurückgeben. Alles: die Liebe, die wir empfangen haben, das Haus, das wir gebaut haben, den Garten, in dem wir manches haben wachsen und blühen sehen, die Kinder, die Eltern, die Pfade durch den Wald und die Aussichten, an denen wir uns nicht sattsehen konnten. Früher oder später wird es Zeit, Abschied zu nehmen und uns fürs Ausleihen zu bedanken.

Unser ganzes Leben ist uns geliehen worden. Deshalb ist es nichts, worüber wir nach eigenem Gutdünken verfügen könnten.

Der Gedanke kann einen wehmütig stimmen. Eine düster wirkende Erinnerung daran, wie flüchtig und vergänglich alles ist. Doch je länger man darüber nachdenkt, desto mehr merkt man, wie befreiend dieser Gedanke ist. Wenn man alles, was man hat, als Leihgabe betrachtet, wird es gleich ein bisschen leichter, großzügig zu sein. Oder um Jesus zu zitieren, der seine Freunde in eine Welt voller Bedrohungen, aber auch Möglichkeiten schickte: »Umsonst habt ihr's empfangen, umsonst gebt es auch!« (Matthäus 10,8, Lut 2017)

Es ist vielleicht gar nicht schlecht, zu der Einsicht gezwungen zu werden, dass nichts von dem, was man hat, ewig bestehen wird. Alles ist unser geworden, aber nur für eine kurze Zeit. Und war es überhaupt unser? War es nicht eher so, dass wir es nur für eine Zeit überlassen bekommen hatten? Und ist es nicht auch mit jeder Liebe so: dass sie nur für eine Zeit besteht und dass gerade das sie so kostbar macht?

Ich bin froh über unser Erlebnis auf dem Weg zum Pilzesammeln. Seit diesem Tag versuche ich mich daran zu üben, alles, was ich habe, als geliehen zu betrachten. Das ist nicht leicht. Es misslingt mir immer wieder, und ich klammere mich zu sehr ans »mein« und »unser«. Aber Übung macht den Meister, heißt es, und deshalb mache ich weiter.

Es war Martin Luther, der sagte: »So nennet er [Jesus] den unrechten Mammon, das man übrig hat und dem Nächsten nicht hilft. Das besitzt man mit Unrecht und ist gestohlen vor Gott, denn vor Gott ist man schuldig zu geben, leihen und ihn nehmen lassen.«

Bis zu dieser Haltung habe ich noch ein Stückchen zu gehen.

Nimm’s passiv!

Die Überschrift dieser Kolumne verdanke ich meinem erwachsenen Sohn. Wenn er findet, dass ich gehetzt wirke, blitzschnelle Antworten auf Fragen erwarte, die doch ein bisschen längeres Nachdenken erfordern, dann entwaffnet er mich mit der freundlichen, aber bestimmten Aufforderung, es passiv zu nehmen. Manchmal sogar, es »so richtig passiv zu nehmen«.

Das ist leichter gesagt als getan, wenn man selbst gerade auf hohen Touren läuft. Aber natürlich hat er recht. Die Passivität wird ja wirklich unterschätzt, zumindest als Möglichkeit, etwas anderes geschehen zu lassen als das, was ich selbst angestoßen habe.

Vor einigen Wochen war ich im Dom von Fredrikstad in Norwegen und sprach zum Thema meines Buchs »Warum Ruhe unsere Rettung ist«. Im anschließenden Gespräch sagte jemand, dass das Wort »passiv« mit dem Wort »passieren« verwandt sei – im Sinne von »an etwas vorbeigehen« oder »vorbeikommen« – und dass eine der Bedeutungen von Passivität also sein könnte, dass man auf jemanden oder etwas trifft, genauer: dass man von etwas oder jemandem getroffen wird. Solange man selbst produziert, redet und Signale sendet, so lange ist man nicht empfänglich für das, was einem entgegenkommt. Was das eigene Leben als eine Einsicht treffen soll, geht stattdessen an einem vorbei, es trifft einen nicht.

Das scheint eine Selbstverständlichkeit zu sein, ist es aber nicht. Wenn man nämlich zu der Sorte Menschen gehört, die ein aktives Leben führt (und die das genießt), dann ist das Nichtstun nicht nur eine Möglichkeit, sondern eine Notwendigkeit. Mitten in all der Aktivität »es passiv zu nehmen«, kann heißen, sich die entscheidenden Fragen zu stellen, wie die nach dem eigenen Beitrag, dem richtigen Weg und ob man den Mut hat, etwas am Mainstream vorbei zu tun. Diese Fragen sind immer gegenwärtig und wollen sich uns stellen, aber wir nehmen sie nicht wahr, weil wir so beschäftigt sind und immer gerade irgendwohin unterwegs.

Wenn man zu der Sorte Menschen gehört, die ein aktives Leben führt, dann ist das Nichtstun nicht nur eine Möglichkeit, sondern eine Notwendigkeit.

Es geht darum, immer wieder einmal den Terminkalender zur Seite zu legen und es zu wagen, offen zu werden. In solchen Augenblicken kalibriert sich unser innerer Kompass und zeigt an, was wir im Tiefsten wollen und wofür wir eigentlich da sind. Früher nannte man das *vita contemplativa*. Gemeint war die Zeit, die weder mit Aktivität noch mit Schlaf gefüllt ist, eine wache Zeit, in der man empfänglich ist für die leisen Töne des Lebens. Ich gehöre zu den Menschen, die durchaus etwas mehr *vita contemplativa* gebrauchen könnten, und ich meine, damit nicht allein zu sein. Zu uns allen sagt ein 26-jähriger Sohn mit dem ihm eigenen Ernst: »Nimm's passiv! So richtig passiv! Sonst riskierst du, dass das Leben einfach an dir vorbeigeht.«

Von »jetzt« zu »hier«

Durchschnittlich alle 18 Monate bekommen wir eine Sekunde geschenkt. Eine sogenannte Schaltsekunde. Weil unsere Uhrzeit darauf aufbaut, dass jeder Tag genau gleich viele Sekunden hat, es in Wirklichkeit aber winzige Abweichungen gibt, muss ab und zu nachjustiert werden. Nun ist es also wieder einmal so weit. Eine schöne Vorstellung: Für einen Augenblick hält die Zeit in ihrem Lauf inne, springt ein klein bisschen zurück und nimmt ein winziges zusätzliches Zeitfragment auf. Wir merken das natürlich nicht, eine Sekunde ist ja nicht viel, aber immerhin: In diesem Jahr haben wir eine Sekunde mehr als im letzten Jahr. Und sprechen wir nicht manchmal von einer Sekunde, in der die Welt den Atem anhält oder in der für uns die Zeit stillsteht? Man stelle sich vor, wir bekämen diesmal solch eine Sekunde geschenkt!

Ich selbst will diese Extrasekunde verwenden, um das Wort »hier« zu sagen, laut, aber nur für mich; das dürfte etwa eine Sekunde in Anspruch nehmen. Danach will ich mich im Bewusstsein dieser verschwindend kurzen Extrazeit immer wieder mal darin üben, vom »Jetzt« zum »Hier«

zu wechseln. Nicht, weil das Jetzt unwichtig wäre, sondern weil das Hier auch wichtig ist.

Es ist, als ob zwei Fragen ständig um unsere Aufmerksamkeit stritten: »Was geschieht jetzt?« und »Was geschieht hier?« Über den Computer und das Smartphone bekommt man jederzeit mit, was gerade in der Welt passiert. Es ist aber keineswegs sicher, dass man immer mitbekommt, was gerade in der eigenen Liebesbeziehung passiert oder mit der Stimmung im eigenen Zuhause. Um das zu erfahren, muss man im Hier leben.

Es geht um eine moderne Auslegung des Satzes Jesu: »Was nützt es einem Menschen, wenn er die ganze Welt gewinnt, dabei aber seine Seele verliert?« (Markus 8,36)

Man soll ja bekanntlich nicht zwei gute Dinge gegeneinander ausspielen, aber ich glaube, manchmal muss man es doch tun, zum Beispiel, wenn die Frage »Was geschieht jetzt?« mit der Frage »Was geschieht hier?« konkurriert.

Tragenden Beziehungen können wir nicht mal eben ein schnelles Update verpassen, sie verlangen nach zusammenhängender Zeit.

Ich weigere mich, mich zu dem Chor derer zu gesellen, die über die immer schnellere Kommunikation klagen und darüber, dass man ständig elektronisch verbunden ist. Ich finde, dass es, vernünftig angewendet, das Leben erheblich vereinfacht. Aber man muss natürlich auf der Hut sein. Man neigt ja dazu, eher das Gute zu missbrauchen als das Schlechte.

Wir dürfen nicht vergessen, dass die Zeit hier bei uns, in

den Häusern, in denen wir wohnen, auf eine andere Weise vergeht als zwischen zwei Punkten in der elektronischen Welt.

Tragenden Beziehungen können wir nicht mal eben ein schnelles Update verpassen, sie verlangen nach zusammenhängender Zeit. Deshalb müssen wir in einer Gesellschaft wie der unsrigen, in der alles simultan geschieht, hier und da Warnhinweise anbringen. Vielleicht wäre gerade dies ein guter Platz, um ein Schild anzubringen: an der Gabelung, wo man sich zwischen »Hier« und »Jetzt« entscheiden muss. So ein Hinweis könnte uns davor bewahren, Jetzt-Süchtige zu werden.

Wenn diese Beobachtungen auch nur einen kleinen Moment des Überlegens wert sein sollten: Bald bekommen wir eine Extra-Sekunde geschenkt. Um die Frage zu stellen »Was geschieht hier?«, braucht man nicht mehr als sie.

Männer wollen Geld verdienen

Letzte Woche war ich Referent bei einer Tagung für Menschen, die beruflich mit Kindern arbeiten. Ich kam einige Stunden vor meinem eigenen Vortrag an und mischte mich im hinteren Teil des Saals unter das Publikum, um meinen Vorrednern zuzuhören. Während ich dort saß, versuchte ich zu zählen, wie viele Männer wohl im Saal waren. Ich war schnell fertig mit Zählen. Erst glaubte ich, einen Mann gesehen zu haben, aber als der sich zu seiner Kollegin umwandte, sah ich, dass ich mich vertan hatte. Gut einhundert Zuhörer – und kein einziger Mann!

Leider ist das keine Ausnahme. Kinder sind die Domäne der Frauen, während Männer sich anderen Dingen widmen. Unter den ungefähr 65 000 Menschen, die in Schweden mit Vorschulkindern arbeiten, sind 1 500 Männer, und als ich bei der entsprechenden Behörde anrufe, um mich zu vergewissern, wird mir gesagt, dass sich in den letzten zehn Jahren kaum etwas daran geändert habe. 90 Prozent derer, die eine Ausbildung im Vorschulbereich oder in der Freizeitpädagogik machen, sind Frauen.

Als ich meine Frau, die selbst in diesem Bereich arbeitet, frage, warum es den Vorschulen nicht gelingt, Männer zu gewinnen, antwortet sie ohne lange nachzudenken: »Da verdient man zu wenig.«

Ich vermute, dass sie – wie immer – auch hier recht hat. Dass unsere Gesellschaft die Betreuung unserer Kinder so niedrig wertet, ist eine Schande. Wer im Göteborger Zoo Schlangen pflegt, verdient mehr als jemand, der sich um unsere Kinder kümmert.

Zur Frage nach dem Lohn einer Arbeit kommt natürlich das Problem sexueller Übergriffe auf Kinder, das in den letzten Jahren breit diskutiert wurde. Wenn man davon immer wieder liest, glaubt man schließlich, so etwas geschehe ständig und so gut wie überall – was nicht der Fall ist. Die große Mehrheit der Männer, die in ihrer Arbeit mit Kindern zu tun haben, ist nicht krankhaft veranlagt. Auch wenn wir alle eigentlich wissen, dass das so ist, muss man es immer wieder sagen, bis wir es wirklich glauben.

Als ich meine Frau, die selbst in diesem Bereich arbeitet, frage, warum es den Vorschulen nicht gelingt, Männer zu gewinnen, antwortet sie ohne lange nachzudenken: »Da verdient man zu wenig.«

Wir Männer können nicht oft genug betonen, wie wichtig Kinder sind. Ich weiß nicht, wie viele Bibelarbeiten und Predigten ich schon gehört habe, in denen es um die Segnung und die Taufe der Kinder ging. Die Botschaft war immer ein flammender Appell, die Kinder an die erste Stelle zu setzen. Aber warum nur schreitet so gut wie niemand von uns vom Wort zur Tat und lässt seine Berufswahl von dieser Einsicht bestimmen?

Wenn man dann noch den Berufungsgedanken mit einbezieht, den es ja in der christlichen Kirche durchaus gibt, dass es also Gott ist, der Begabungen und Sehnsüchte in unser Leben legt, so ist es höchst verwunderlich, dass nicht mehr Männer hören, wie Gott flüstert: »Vorschulerzieher!« – »Kinderpfleger!« Nein, in das Ohr von Männern flüstert er anscheinend immer nur: »IT-Berater!« – »Ingenieur!« – »Sales-Manager!«

Ich glaube das nicht! Ich glaube stattdessen, dass die Wahrheit so düster ist, wie meine Frau behauptet: Männer wollen Geld verdienen. Und die in unserer Gesellschaft sicherlich wichtigste Aufgabe ist nicht wertgeschätzt. Außer natürlich in schönen Reden.

Die Straßenbahn fährt ab

Ich wartete auf die Straßenbahn zur Haltestelle Hjalmar Brantingsplatsen und sah, wie sich die Wagentüren der Straßenbahn schlossen, der am Nachbargleis stand. Genau in diesem Moment kam ein Junge angerannt, der noch mitfahren wollte. Er war vielleicht acht oder neun Jahre alt, mehr nicht.

Der Junge hatte nur noch wenige Meter bis zum Wagen, als die Tür sich vor seiner Nase schloss. Mit flehender Stimme rief er in Richtung der Straßenbahnfahrerin, sie möge ihn noch mitnehmen. Die Situation war simpel. Alles, was die Straßenbahnfahrerin zu tun hatte, war, die Tür zu öffnen, den Jungen hineinspringen zu lassen und dann loszufahren. Das hätte höchstens dreißig Sekunden in Anspruch genommen. Aber nein. Sie schüttelte den Kopf, als wollte sie dem Jungen zeigen, dass er selbst schuld sei, schaute kurz auf ihre Uhr, betätigte die Glocke und fuhr los.

Ich rannte einige Meter in Richtung der Straßenbahnfahrerin und versuchte ihr mit Gesten und wilder Mimik klarzumachen, dass ich ihr Verhalten völlig unmöglich fand. Sie sah mich verständnislos an.

Da ich ja nun mal nicht mit ihr sprechen konnte, weiß ich nicht, welche Erklärungen sie für ihr Verhalten vorgebracht hätte. Ich vermute mal, dass es irgendwas mit »Dienstvorschriften« oder »Wenn die Türen zu sind, sind sie zu« gewesen wäre.

Ich würde gern wissen, was diese halbe Minute, die sie gewonnen hat, eigentlich kostete. Und dabei denke ich nicht an Geld. Ich frage mich, was sie an verlorenem Vertrauen gekostet hat, Vertrauen in uns, die Erwachsenen, die diese Gesellschaft »am Laufen halten«. Ich frage mich das, weil ich überzeugt bin, dass wir in Situationen wie diesen verraten, wie unser Menschenbild aussieht.

Unser Menschenbild ist ja nicht ein Ensemble von Wertvorstellungen, das man sich irgendwann zwischen zwanzig und dreißig zulegt und um das man sich dann nicht mehr groß kümmern muss. Vielmehr geht es darum, wie ich den anderen sehe – hier und jetzt – und wie ich ihm unter den gegebenen Umständen begegne.

Das Misstrauen gegenüber der Welt der Erwachsenen wird von keinem anderen erschaffen als von uns selbst.

Jeder Tag besteht aus Hunderten von Weggabelungen, an denen wir durch unser praktisches Handeln sagen: »Das hier ist mein Menschenbild.« Wenn wir nicht dreißig Sekunden Zeit haben für einen kleinen Jungen, der rennt, so schnell er kann, um in der verrückten Gesellschaft mitzukommen, die wir Erwachsenen konstruiert haben und in der wir uns abhetzen, dann sollten wir nicht pomadig in unseren Fernsehsesseln sitzen und uns über Missbrauch, Gewalt und widerspenstige Jugendliche empören. Das Misstrauen gegenüber der Welt der Erwachsenen wird von keinem anderen erschaffen als von uns selbst.

Und nun sitze ich hier und ärgere mich, dass ich mich nicht auf die Schienen gestellt habe. Mein Kopf funktionierte in diesem Moment so schwerfällig, dass ich gar nicht auf die Idee kam, mich mit der Straßenbahnfahrerin anzulegen und den Wagen daran zu hindern loszufahren, bevor die Frau nicht die Türen wieder geöffnet oder Verstärkung herbeigerufen hätte. Vielleicht, vielleicht hätte das einem Achtjährigen zeigen können, dass er die Gesellschaft nicht gegen sich hat.

Wir haben nicht unendlich viel Zeit, um ihm das klarzumachen.

Die Türen schließen sich. Die Straßenbahn fährt ab.

Nachwärme

Zu den heikelsten Gesprächen, die ich in meinem Beruf zu führen habe, gehören ganz sicher die Trauergespräche vor einer Beerdigung. Wir treffen uns sozusagen in der Nachwärme eines Menschen, der nie mehr wiederkommt. Manchmal kennen wir einander schon, manchmal ist der vereinbarte Termin unser erstes Treffen. Worum es geht, ist klar. Ich bitte die Hinterbliebenen, mir von dem Menschen, der nun fehlt, zu erzählen: von seinem Lebensweg, seinen Beziehungen und von den Eigenschaften, die seine Persönlichkeit besonders bestimmt haben. Ich will ja beim Trauergottesdienst eine ganz auf diese Person zugeschnittene Ansprache halten.

Irgendwann im Laufe dieses Gesprächs frage ich die Angehörigen oft, was sie an dem Verstorbenen am meisten schätzten. Was ihnen fehlen wird. Und es hat mich schon oft erstaunt, dass die Eigenschaften, die am häufigsten genannt werden, alle etwas mit dem Verhältnis zur Zeit zu tun haben. »Er hatte Zeit.« – »Er nahm sich immer Zeit für uns.« Nicht selten wird das gerade von jemandem gesagt, der sehr intensiv gelebt und sehr viel gearbeitet hat. Dass jemand Zeit hatte, bedeutet nicht, dass er lauter leere Seiten in seinem Terminkalender hatte. Es sagt eher etwas darüber, wie er seine Zeit in die Begegnung mit anderen einbrachte. Ob er es schaffte, die eigenen Angelegenheiten beiseitezulassen, um sich auf den Menschen einzulassen, der gerade vor ihm stand. Solche Menschen findet man nicht zuhauf. Wenn sie uns verlassen, wird die Welt ärmer.

»Wer weise ist, gewinnt das Herz«, steht im Buch der Sprüche (11,30 HfA). Genauso gut könnte da stehen, dass der, der Zeit hat, das Herz gewinnt, denn der Abstand zwischen Zeit und Weisheit ist verschwindend klein. Wer weise ist, weiß, dass wenige Minuten Aufmerksamkeit in manchen Lebenslagen Wärme bringen: Wärme für Stunden, Tage, Monate oder Jahre. Und zwar für beide, den Gebenden und den Nehmenden. Zeit zu haben, ist deshalb vor allem eine Frage danach, ob man bereit ist, Nähe und Interesse zu schenken, und es sei nur für einen kurzen Moment. Es ist kein Zufall, dass das chinesische Zeichen für »beschäftigt« aus zwei Zeichen zusammengesetzt ist: »Herz« und »Tod«. Wer ständig mit seinen eigenen Angelegenheiten beschäftigt ist, bezahlt einen Preis dafür, und diesen Preis kann man bei den Menschen ablesen, die ihm am nächsten stehen. Einen Preis, den man mit der Zeit auch am eigenen Herzen ablesen kann: Es ist, als stürbe es langsam ab.

Wer weise ist, gewinnt das Herz.

Es fühlt sich seltsam an, wenn man einem Menschen begegnet, der Zeit hat. Ich selbst bin auf diesem Gebiet überhaupt nicht gut; viel zu oft jage ich von einer Sache zur anderen. Aber ich übe mich darin, und ich bin mir absolut sicher, dass es hier um eine Fähigkeit geht, die man durch Übung erwirbt. Statt zu denken: »Das braucht Zeit«, versuche ich zu denken: »Ich habe Zeit«. Das ist leichter gesagt als getan, hat aber erstaunliche Wirkungen. Auffallend oft lösen sich Probleme außerdem dadurch, dass man sie ohne Aufschub angeht. Wenn man stattdessen erst einmal ein Treffen vereinbart, bei dem man sich des Problems annehmen will, werden in der Zwischenzeit oft beide umfangreicher: das Problem und die Zeit, die man braucht, um es zu lösen.

Ich sage mir also, dass Zeit etwas ist, das ich habe. Immer. Ausnahmslos. Das ist nicht ganz wahr, aber es ist eine bessere Halbwahrheit als zu sagen: »Das braucht Zeit.«

Von dieser Haltung strahlt eine Wärme aus, die deutlich spürbar bleibt, auch dann noch, wenn das Leben zu Ende gegangen ist.

Es ist schön, eine Mutter zu haben

In der letzten Woche habe ich sämtliche Alte-Damen-Läden unserer Stadt besucht. Mit System und Methode, gemeinsam mit meiner Mutter, die bei uns zu Besuch war. Die Aktion nahm drei Tage in Anspruch, und, ehrlich gesagt, schauten wir mehr, als wir kauften. Es gab unzählige Anproben (für meine Mutter). Ich kommentierte, munterte sie auf und riet ihr ab. Zwischendrin aßen wir zu Mittag, tranken Kaffee und hatten es ausgesprochen schön. Meine Mutter geht sehr langsam und hört schlecht, aber sie ist eine charmante und liebenswerte Dame.

Mir ging auf, dass es uns allen – uns Ausgebuchten, Supereffektiven und Schnellfüßigen – gut täte, einmal im Jahr zwei, drei Tage in Gesellschaft einer 85-Jährigen zu verbringen. Zum Beispiel als Alternative zu Entschleunigungskursen, Einkehrzeiten und Teambuilding-Seminaren im Wald. Wie ununterbrochen »busy« man ist, merkt man, wenn man vor einer Umkleidekabine steht und auf jemanden wartet, dessen Uhr irgendwie ein anderes Uhrwerk zu haben scheint. Alles geht langsam, jede Entscheidung braucht ihre Zeit, und das kollidiert mit der Effektivitätsmaschinerie in einem selbst. Es macht etwas mit einem. Etwas Nützliches und Gutes. Am dritten Tage aufersteht ein neuer Mensch, einer, der begreift, dass er die Chance, mit seiner Mutter zusammen zu sein, vielleicht nicht noch einmal bekommt. Dass das Entscheidende vielleicht gar nicht ist, was man hier tut, sondern dass man zusammen sein darf. In meinem Alter muss man es außerdem als einen Luxus betrachten, überhaupt noch einen Elternteil zu haben. Viele meiner Freunde haben keinen mehr.

Mir ging auf, dass es uns allen – uns Ausgebuchten, Supereffektiven und Schnellfüßigen – gut täte, einmal im Jahr zwei, drei Tage in Gesellschaft einer 85-Jährigen zu verbringen.

Ich schreibe etwas über diese drei Tage, weil mir aufgegangen ist, wie häufig wir Dinge zu spät wertschätzen. Mütter zum Beispiel. Natürlich gibt es hoffnungslose Fälle, zu denen eine Beziehung aufrechtzuerhalten nahezu unmöglich ist. Das gilt übrigens auch für Söhne und Töchter. Vor einigen Jahren hörte ich im Radio Kai Pollak, den Regisseur des Films »Wie im Himmel«. Er erzählte, dass sein Verhältnis zu seiner Mutter lange Zeit so anstrengend war, dass ihr Zusammensein oft mit Zank und Streit endete. Erst als Pollak sich entschloss, irgendetwas zu finden, wofür er seiner Mutter danken konnte, fanden sie eine gemeinsame Wellenlänge. Wenn ich mich richtig erinnere, war es der Satz »Danke, dass du mir das Leben geschenkt hast«, mit dem die Veränderung begann. Pollak betonte, dass das Einzige, wofür man Verantwortung übernehmen kann, der eigene Anteil an der Beziehung zum anderen Menschen ist. Hier aber kann man immer etwas ändern. Eine vernünftige und hoffnungsvolle Haltung für Fälle, in denen die Dinge nicht von allein gut laufen. Zum Glück ist es sehr leicht, meine Mutter zu lieben – wenn es nicht so wäre, würde ich Pollaks Weg ausprobieren, um nicht in einer Blockade steckenzubleiben, bis es zu spät ist.

Die Gefahr bei einem Text wie diesem hier ist, dass er als ein einziges Honig-um-den-Bart-Streichen aufgefasst werden kann. Ich halte das Risiko jedoch für sehr gering. Meine Mutter hat so ein hohes Alter erreicht, dass sie alle Formen der Schmeichelei unmittelbar durchschaut. Mit steigendem Alter wird man scharfsichtiger, was diese Art des Sehens betrifft. Außerdem liest sie nie die *Göteborgs Posten*. Sie wohnt in Kramfors und braucht nichts anderes als ihre Ångermansland-Zeitung.

Wie ein ziehender Schmerz der Seele

Im Waffenhaus einer der schönen Kirchen in unserer Stadt kam ich ins Gespräch mit einer Frau, die die Neunzig schon vor einer Weile überschritten hatte. (Tatsächlich haben viele nordische Kirchen ein Waffenhaus, also einen Vorraum, in dem die Männer in früheren Zeiten ihre Waffen ablegten. Anm. d. Übers.) Die Dame hatte ein reiches Leben gehabt, erzählte sie mir, aber nun war ihr Mann schon seit vielen Jahren tot, und ihr Körper hatte begonnen, ihr deutliche Signale zu geben. Alles falle ihr einfach immer schwerer und schwerer. Am meisten aber belastete sie die Einsamkeit, die sich in ihrer Wohnung breitgemacht hatte. »Es ist nicht lustig, alt zu werden«, sagte sie. Ihre Stimme klang dabei nicht anklagend, aber traurig.

Ich strich ihr über die Hand. Viel zu sagen hatte ich nicht, aber wir unterhielten uns doch eine Weile.

Das Laub, das gegen die schwere Kirchentür fiel, als ich aufbrach, um mich auf den Heimweg zu machen, schien das zu bekräftigen, worüber wir gerade gesprochen hatten, und versinnbildlichte noch einmal die Richtung, in der alles Leben sich bewegt: hinab.

Ich bin nicht einsam, und doch kenne ich dieses besondere Gefühl, das einen wanken lässt, wenn man begreift, dass man Teil dieses Prozesses ist. Man muss auch nicht alt sein, um das erlebt zu haben, wovon die Frau sprach: eine schleichende Müdigkeit, einen Körper, der nach und nach schwächer wird. Oder, wie ein Kind es mal über seinen alten Großvater sagte: »Er wächst in den Boden.«

Gedanken wie diese füllen kaum je unseren Alltag. Wie sollte man damit auch klarkommen? Aber sie kommen uns so sicher, wie das Herbstlaub draußen sich zeigt und wie wir in uns einen ziehenden Schmerz der Seele spüren. Es gehört zu unserer Aufgabe als Mensch, solche Gedanken nicht abzuweisen, sondern uns ihnen zu stellen: Was wartet auf uns, dort, an der äußersten Grenze des Lebens? Was geschieht dann?

Was wartet auf uns, dort, an der äußersten Grenze des Lebens? Was geschieht dann?

Als ich neulich in meiner Heimatstadt Kramfors war, ergab es sich, dass ich einige Menschen traf, die den Dichter und ganzen Stolz unserer Stadt noch persönlich kannten: Birger Norman. Die meisten seiner Zeitgenossen leben nicht mehr, aber einige wenige gibt es noch. Einer von ihnen gab mir die Kopie einiger Notizen aus Normans Spiralbuch. Dort zitiert er einen amerikanischen Psychotherapeuten, der glaubte, die menschliche Angst rühre daher, dass wir nach unserer verlorenen Nabelschnur suchten. Der Therapeut gab seinen Klienten eine Nabelschnur aus Plastik und ließ sie einige Sitzungen lang ihre Geburt nacherleben.

»Er ist auf der richtigen Spur, aber er zieht unmögliche Schlüsse daraus«, schrieb Norman Birger. Und weiter: »Die Geburt ist einzigartig; sie geschieht ein einziges Mal. Man kann sie nicht noch einmal erleben. Aber schon im Moment der Geburt greift der Tod nach uns. Das ist es, woran einige sich zu erinnern scheinen. Das ist es, was uns erschüttert, an uns rüttelt und uns packt. Die Welt unterliegt dem Tod und der Vergänglichkeit. Es gibt keine Nabelschnur, die uns zurückführt.«

Aber Norman hatte mehr als das zu sagen. Da ist noch ein Satz, durch den sein christlicher Glaube schimmert, ein Glaube, der zu ihm gehörte, von dem er aber sein Leben lang nur mit größter Vorsicht sprach. In all den Niedergang und das Verwelken, in seine eigene Angst und in unsere hinein schrieb er in seinen Notizblock: »Aber hier in der Welt hat sich etwas ereignet: die Auferstehung von den Toten. Eine Nabelschnur, die am anderen Ende festgemacht ist. Nach ihr greife ich.«

Ein neues Muss

Der Siegersatz im Floskelwettkampf frisch Pensionierter heißt: »Wir hatten noch nie so viel zu tun wie jetzt!« Und dann wird alles aufgezählt, was nach einem Beamtenleben bewältigt werden will: Reisen, Haus, Sommerhaus, Enkel, Hunde, Katzen und Golf. Man hört zu und atmet hörbar tief aus, während man sich fragt, wie in aller Welt man es schaffen soll, als Pensionär zu leben, wenn man schon als Fünfzigjähriger manchmal ganz schön müde ist.

In unserer Kirche haben wir vor einigen Jahren aufgehört, den Siebzigjährigen zum Geburtstag zu gratulieren. Früher waren Siebzigjährige alte Leute, heute ist es ihnen peinlich, wenn man sie daran erinnert, dass sie schon ganze sieben Jahrzehnte erlebt haben. »Gratuliere mir lieber nicht«, sagte einer, bei dem ich zum Geburtstagsbesuch geschellt hatte. »Bedauere mich lieber.« Ich nahm ihn beim Wort und bedauerte ihn, weil er siebzig wurde. Es fühlte sich seltsam an.

Es ist natürlich etwas Positives, dass Menschen länger leben, dass es ihnen besser geht, dass sie mehr unternehmen und nicht in Untätigkeit versinken, nur weil sie pensioniert sind. Dennoch runzele ich die Stirn und versuche zu verstehen. Mein Nachfragen soll sich nicht anhören, als nähme ich mir das Recht heraus, anderen, erfahreneren Menschen vorzuschreiben, wie sie ihr Leben leben sollen. Ich frage mich allerdings, ob das Beibehalten des hohen Tempos ein neues Muss geworden ist, eine Erwartung, der man jetzt zu entsprechen hat. So als wäre es inakzeptabel zu sagen, dass man es endlich, endlich etwas langsamer angehen lassen kann.

Während die Sonne hinter dem Berg aufging, hörte er genussvoll sämtliche Sätze langer Konzerte. Vom ersten bis zum letzten. Das hatte er früher kaum je geschafft.

Ich hatte diese Gedanken im Kopf, als mich eine Begegnung ganz überraschend sehr froh stimmte. Ein Mann erzählte mir, dass er seit einigen Jahren pensioniert, seine Frau aber noch weiter erwerbstätig sei. Sein neues Leben sehe ganz anders aus:

Direkt nach seiner Pensionierung hatte er die beste Musikanlage, die sie besaßen, ins Schlafzimmer umziehen lassen. Jeden Morgen nach dem ersten Kaffee mit seiner Frau nahm er die Zeitung und eine zweite Tasse Kaffee und ging zurück ins Schlafzimmer. Nach Beendigung der Zeitungslektüre suchte er sich in der CD-Sammlung eins seiner Lieblingskonzerte aus und legte es in die Anlage. Und dann ließ er die Zeit verrinnen. Während die Sonne hinter dem Berg aufging, hörte er genussvoll sämtliche Sätze langer Konzerte. Vom ersten bis zum letzten. Das hatte er früher kaum je geschafft. An manchen Tagen verschlief er einige Stunden, an anderen las er ein Buch.

»Es kommt vor, dass ich das Bett nicht vor dem Mittagessen verlasse«, sagte er – und der Satz klang, als wäre dieses Geständnis ihm kein bisschen peinlich.

Es ist ein paar Wochen her, seit wir uns getroffen haben, dieser Mann und ich. Ich erinnere mich nicht mal genau, wo es eigentlich war. Aber ich denke fast jeden Tag an ihn, vor allem, wenn ich durch meinen Alltag rausche und feststellen muss, dass ich mehr versprochen habe, als ich halten kann. Dann rufe ich mir das Bild dieses Mannes vor Augen, der mit seinem Frühstückstablett im Bett sitzt, und sage mir: »Es kommen andere Zeiten!«

Alles gut?

Wir saßen und dämmerten ein wenig vor uns hin, jeder auf seinem harten Stuhl in der Sakristei einer Kirche, irgendwo im Land, der emeritierte Bischof von Linköping, Martin Lönnebo, und ich. Seine Augen waren geschlossen, und ich glaube, er war gerade ein wenig weggenickt, um Kraft zu sammeln vor dem Gottesdienst, der uns erwartete. Plötzlich sagte er: »Es gibt nichts, was mich so traurig macht wie Predigten zum Thema Freude.« Dann war er wieder eine Weile still, hielt die Augen geschlossen und ergänzte schließlich: »Aber wenn jemand ganz ehrlich über seinen Kummer spricht, dann werde ich richtig froh.«

Ich musste an diese kleine Szene denken, als eine Zuhörerin neulich nach einer Veranstaltung in der Kirche von Tölö zu mir kam und mich darauf aufmerksam machte, dass die gängige Frage »Wie geht's dir?« durch das ganz anders geartete »Alles gut?« ersetzt worden sei. Die neue Frage mache von vornherein deutlich, dass man eine kurze und positive Antwort erwarte.

Mir wurde sofort klar, dass ich zu denen gehöre, die fast ausnahmslos »Alles gut?« fragen, und dass ich damit aufhören sollte. Zu fragen, ob alles gut ist, ist natürlich besser, als überhaupt keine Frage zu stellen. Und doch weist die Beobachtung dieser Frau auf etwas Wichtiges hin, etwas, das mit der Bewegung in unseren Begegnungen zu tun hat. Ob wir uns einander nähern oder voneinander entfernen. Dabei ist unsere Art zu reden ganz entscheidend. Was wir da sagen, bedeutet ja etwas. Zwei Menschen, die miteinander reden, sind immer auch in einer Bewegung begriffen. Wenn wir es wagen, einander von den Abgründen unseres Lebens zu erzählen, von den Dingen, die nicht gut laufen, dann verringert sich der Abstand. Wir werden zueinander gezogen, und in solch einem Gespräch ist da plötzlich auch Raum für eine erstaunliche Freude. Deshalb können gerade schwierige Gespräche manchmal eine überraschende Erleichterung bewirken. Und umgekehrt hält jemand, der seine Wunden nie sichtbar macht, andere Menschen unbewusst auf Distanz. Erst viel zu spät entdeckt er, dass er in seiner »Alles-ist-gut-Welt« einsam geworden ist.

Wenn wir es wagen, einander von den Abgründen unseres Lebens zu erzählen, von den Dingen, die nicht gut laufen, dann verringert sich der Abstand.

Erst wenn man sagen darf, dass nicht alles gut ist, kann es besser werden. So seltsam sich das anhört.

Vielleicht hat das etwas mit Wahrheit zu tun. Wenn Jesus sagt, dass die Wahrheit uns frei machen wird, geht es nicht nur um das Bekennen von Sünde. Sein Satz ist ein Wegweiser zu mehr Mut und zu einer wiedergefundenen Lebensfreude. Es passiert so schnell, dass man auf eine irgendwie verlogene Art und Weise spricht, auch wenn man dabei gar nicht explizit lügt, sondern nur Teile der Wirklichkeit unsichtbar macht. Dann kann man so positiv sein, wie man will, die Menschen um einen herum werden dennoch nicht froh. Nur in der Wahrheit ist die Freiheit zu finden.

Woran ich mich selbst und andere erinnern möchte, verlangt keine große Kraftanstrengung. Nur den Mut, einen kleinen Extra-Moment bei einer der alltäglichsten, aber vielleicht auch wichtigsten Fragen zu verharren: »Wie geht es dir?«

Die dumpfen Tage

Man kann ins Grübeln geraten, wenn man sich fragt, welche Tage des eigenen Lebens einem an meisten Nutzen gebracht haben – auf lange Sicht betrachtet. Sind es die Tage, an denen wir in hohem, gleichmäßigem Tempo die Punkte unserer To-do-Liste abarbeiten und alles nur so fließt? Oder sind es die dumpfen Tage, an denen wir das Gefühl haben, nichts auf die Reihe zu bekommen, und an denen wir uns ein bisschen müde fühlen?

Ich stimme für letztere. Für die dumpfen.

Natürlich ist es wunderbar, wenn alles nur so fließt, wenn man »im Flow ist«, wie es jetzt heißt, aber man hört schon dem Wort selbst an, dass, auch wenn alles gut läuft und leicht vorangeht, die Bewegung doch von außen kommt. Man kommt voran wie ein Rindenschiffchen, das von der Strömung mitgeführt wird. Die müden Tage sind weit anstrengender.

Ohne die Müdigkeit romantisieren zu wollen (für manche Menschen ist sie ein übler Gegner): Es scheinen genau diese

Tage zu sein, an denen wir wachsen. Ich denke dabei nicht an eine krankhafte Müdigkeit, sondern an die Müdigkeit, die sich einstellt, wenn man über seine Verhältnisse gelebt hat, körperlich wie seelisch, und dann gebremst wird.

»Solche Tage müssen kommen«, schrieb der Bischof und Dichter Nils Bolanger (1902–1959) und beschrieb die dumpfen Tage als Tage ohne Horizont, ohne Raum, ohne Klang und außerdem von einem mausfarbenen Grau. Wenn es »trocken« wird, rufe ich mir seine Worte in Erinnerung: »Solche Tage müssen kommen«, wie der Herbst und der Frost und die Steuerformulare.

Es gibt nämlich etwas, das die Gedanken an den kraftlosen Tagen ausfüllt. Ich möchte behaupten, dass man sich genau an diesen Tagen die ganz ernsten Fragen nach dem eigenen Leben stellt.

Aber ich sage mir auch immer wieder – mit geradezu idiotischer Sturheit –, dass solche Tage nicht unbedingt misslungene Tage sein müssen. Sie gehören dazu. Sie dienen einem wichtigen Ziel, auch wenn man sie am liebsten schwänzen würde. Es gibt nämlich etwas, das die Gedanken an den kraftlosen Tagen ausfüllt. Ich möchte behaupten, dass man sich genau an diesen Tagen die ganz ernsten Fragen nach dem eigenen Leben stellt. Fragen nach Sinn und Ziel, die man sich nicht stellt, wenn alles problemlos läuft.

Manchmal denke ich, dass die Seele auch ihr eigenes Wurzelwerk hat und dass es manchmal um einen still werden muss, damit die einzelnen Wurzelstränge eine Chance bekommen, in die Tiefe zu wachsen, bis dorthin, wo die stillen Quellen sind. Wenn alles nur so vorbeirauscht, ist das Risiko groß, dass man sich nicht richtig verwurzelt.

Die dumpfen Tage sind notwendig. Für das Leben. Für die Liebe. Wenn ich das nicht begreife, sondern weiter durch mein Leben haste, ohne mir Zeit zum Innehalten und Nachdenken zu lassen, scheint das Leben manchmal selbst einzugreifen: Die Kraft erlahmt, der Energiefluss versiegt. Alles vertrocknet.

Wenn ich mich ärgere, dass ich einen ganzen Tag lang nichts Vernünftiges getan habe, dann tröste ich mich mit dem Gedanken, dass der Tag etwas mit mir getan hat und deshalb kein verlorener Tag war. Er war nur etwas anstrengend.

Ich war’s nicht!

Allen, die mich im Entree des Luxuskaufhauses »Nordiska Kompaniet«, kurz NK, in Göteborg gesehen haben, wie ich da eine Flasche Limo trank und mitgebrachte Butterbrote aß, muss ich sagen: Ich war’s nicht! Das war mein Bruder Göran!

Mein einziger Bruder ist vier Jahre älter als ich. Mit den Jahren sind wir einander immer ähnlicher geworden. Als wir Kinder waren, glaubte man kaum, dass wir Geschwister seien, aber jetzt, nahe an der 40 (er hat die Marke schon überschritten, ich stehe noch davor), haben sich die Unterschiede ausgeglichen.

Göran und ich haben vieles gemeinsam, unter anderem unser Interesse für Bücher. Beide sammeln wir Lidman: Er die Bücher von Hans Lidman, ich die von Sven Lidman. Von Hans stammen die fantastischsten Schilderungen des Lebens der Fische, Sven schrieb Romane, Lyrik und Predigten. Dennoch berühren sie sich in einem Punkt: Beide waren große Erzähler. Wenn sie von einer Bergblume erzählen, dann duftet die Seite im Buch, und wenn sie über eine Stromschnelle schreiben, hört man das Wasser.

Immer wenn mein Bruder uns in Göteborg besucht, dreht er einige ausgiebige Runden durch die Antiquariate der Stadt. Ein ausgeklügelter Tagesplan führt ihn auch noch in das hinterste Kabuff, in dem sich ein Buch wie »Fischen mit Leidenschaft« oder »Das Auge des Lachses« verstecken könnte.

An dem besagten Morgen – übrigens ein Tag »zwischen den Jahren« – schmierte er sich seine Butterbrote und stopfte sie zusammen mit einer Limoflasche in den Rucksack. Vor meinem inneren Auge sah ich ihn schon in der Ecke des Antiquariats sitzen, das er gegen Mittag aufsuchen würde.

»Warum gehst du nicht in ein Café?«, fragte ich ihn.

»Ich lege mein Geld lieber in Büchern an«, antwortete er.

Als er gegen Abend zurückkehrte, fragte ich ihn nebenher, wie es mit dem Picknick geklappt habe.

Dieser Mensch hatte doch tatsächlich mitten im nachweihnachtlichen Schlussverkaufstrubel auf einer Bank in der Parfümerieabteilung des edelsten Kaufhauses der Stadt gesessen und seine Butterbrote mit Limo gevespert.

»Ausgezeichnet.«

»Und wo hast du gesessen?«

»Im NK.«

Ich fragte noch einmal, um auszuschließen, dass ich mich verhört hatte. Hatte ich nicht. Dieser Mensch hatte doch tatsächlich mitten im nachweihnachtlichen Schlussverkaufstrubel auf einer Bank in der Parfümerieabteilung des edelsten Kaufhauses der Stadt gesessen und seine Butterbrote mit

Limo gevespert. Ganz sicher nicht aus Geiz, denn Geiz ist das Letzte, was ihm ähnlich sieht.

»Man muss Prioritäten setzen«, war seine kurze Bemerkung.

»Haben die Leute dich nicht komisch angeguckt?«, fragte ich beunruhigt.

»Manche schon«, sagte er ungerührt. »Aber du weißt ja: Je seltsamer man sich verhält, desto peinlicher ist es den Leuten, einem dabei zuzugucken.«

Ich bin stolz auf meinen Bruder. Der Gedanke, dass er da in seiner Winterjacke saß, den Rucksack neben sich, und seine Stullen mit hart gekochtem Ei verspeiste, dieser Gedanke gefällt mir. Das ist Stil.

Ich selbst habe eine solche Unabhängigkeit vom Urteil anderer und diese innere Sicherheit noch nicht erreicht, deshalb gehe ich wie alle anderen ins Café. Und aus diesem Mangel heraus habe ich es wahrscheinlich auch noch nötig, darauf hinzuweisen: Der Mann mittleren Alters, der mit seinem Butterbrotpaket im NK in der Nähe der Rolltreppe gesehen wurde – das war nicht ich!

Das regelt sich ganz von allein

Am Mittwoch wäre mein Vater 90 Jahre alt geworden. Ich habe sein Andenken geehrt, indem ich einen Mittagsschlaf gemacht und mir dazu ein blaues Taschentuch über die Augen gelegt habe. Mein Vater war extrem lichtempfindlich, wenn er zu ruhen gedachte. In der Mittagszeit schlief er mit der Tageszeitung über dem Gesicht. Wenn keine Zeitung zur Hand war, zog er sein Taschentuch hervor, faltete es zu einer Augenmaske und schlief sofort ein. Das Einschlafen war seine größte Herausforderung, denn die Sommernächte in Ådalen waren hell, und es war schwierig bis unmöglich, die nötige Dunkelheit herzustellen. Aber mein Vater fand einfache Lösungen. Wenn nichts anderes funktionierte, spannte er zum Beispiel einen großen schwarzen Regenschirm auf und befestigte ihn über dem Bett. Wenn es nur dunkel genug war, konnte er so gut wie immer und überall schlafen.

Bevor ich nun selbst auf der Küchenbank ein kleines Schläfchen hielt, dachte ich an meinen Vater. Er war wohl der unkomplizierteste Mensch, den ich je getroffen habe. Genügsamkeit war sein zweiter Name. Und sein Motto hieß: »Das regelt sich ganz von allein.«

Sein Leben lang fühlte er sich stark zur Natur hingezogen – die Meeresbuchten der Höga Kusten (heute Weltkulturerbe) waren sein Wohnzimmer und der Wald sein Vergnügungspark. Dorthin zog es ihn oft, da war er frei. Er war ein Pfadfinder an stillen Orten, vertraut mit dem Verborgenen. Mit Worten war er sparsam, in großer Gesellschaft fühlte er sich unwohl.

Auf einem Stein sitzt ein Mann, ganz allein. Vor ihm brennt ein Feuer, und darüber hängt an einem knorrigen Ast eine rußgeschwärzte Kaffeekanne.

Obwohl fast dreißig Jahre vergangen sind, seit er starb, sehe ich ihn mit geradezu fotografischer Schärfe vor mir. Er trat oft genau in dem Moment ins Haus, in dem wir Jungs aufstehen und frühstücken sollten. Um diese Uhrzeit war er schon unten am Fluss gewesen und hatte »einen Haken nass gemacht«, wie er es nannte. Ein genialer Ausdruck. Hätte er gesagt, dass er schon angeln war, hätten wir gefragt, wo der Fisch sei. Aber er hatte nicht geangelt, er hatte nur einen Haken nass gemacht, eine Tätigkeit, die seiner Auffassung nach nicht unbedingt zu einem messbaren Resultat führen musste.

Obwohl ich diese frühe Morgenstunde nur ganz selten mit ihm verbracht habe, sehe ich das Bild vor mir: Die Nebel über dem Ångermanälven lichten sich. Auf einem Stein sitzt ein Mann, ganz allein. Vor ihm brennt ein Feuer, und darüber hängt an einem knorrigen Ast eine rußgeschwärzte Kaffeekanne. Der Mann trägt hohe grüne Gummistiefel, dunkelgrüne Hosen und eine leuchtend blaue Jacke. Mit dem einen Auge späht er zum oberen Teil der Angelrute in der Erwartung, dass die Angelschnur sich spannt, mit dem anderen Auge beobachtet er die Kaffeekanne. Wenn der Kaffee kocht, zieht er das blaue Taschentuch aus der Hosentasche, um den heißen Deckel von der Kanne zu nehmen, schüttet den Kaffee dann ein paarmal von einem Gefäß ins andere und trinkt ihn in der Stille.

Beim Betrachten dieses Bildes geht mir auf, dass genau an diesem Ort seine Genügsamkeit und seine Zufriedenheit ihren Grund hatten. Von diesem Aussichtspunkt verfolgte er aus nächster Nähe das dramatischste Schauspiel, das es gibt: die Jahreszeiten. An diesem Ort lernte er eine Natur kennen, deren Kleider alt und abgetragen waren, und an diesem Ort stellte er fest, dass es einen gab, der neue Kleider bereithielt. Ich bin immer mehr davon überzeugt, dass mein Vater an diesem Ort seinen Halt fand. Und seine Freiheit.

Wenn das Leben meines Vaters dann einmal unruhig war – und das war es manchmal –, dann, so glaube ich, hörte er genau an diesem Ort eine himmlische Stimme, die ihm den Satz zuflüsterte, den er sich für sein Leben und Sterben zu eigen machte: »Das regelt sich ganz von allein.«

Raum gewinnen im eigenen Leben

Wir waren in Oslo, um unserem Sohn dabei zu helfen, ein Sofa in die Wohnung zu schaffen, in der er vorübergehend mit einem Freund wohnt. Die beiden hatten auf eine Anzeige geantwortet, in der ein »megageniales« Sofa kostenfrei angeboten wurde. Die einzige Gegenleistung: Das Sofa musste bei der Eigentümerin abgeholt werden. Wir mieteten einen Anhänger und machten uns auf den Weg zur angegebenen Adresse. Ich ging nicht mit hinauf in die Wohnung, sondern sah das Sofa erst, als unser Sohn und sein Freund es nach unten auf die Straße getragen hatten. Es war wirklich megagenial. Am lustigsten war jedoch, dass die beiden erzählten, wie unglaublich froh die Eigentümerin gewesen sei, dieses Sofa loszuwerden. Sie hatte das Sofa in Pappe und Plastik eingehüllt, als sollte es nach Amerika verschifft werden, und während des kurzen Treffens in der Wohnung hatte sie den beiden unzählige Male gedankt, erzählte mein Sohn. Und weil sie offenbar so unglaublich dankbar war, hatte er sie gleich gefragt, ob es noch etwas anderes gäbe, das sie loswerden wolle. Ja, ein Bett war auch überzählig! Also nahmen sie auch das mit.

Auf dem Weg zurück nach Göteborg sprachen wir an diesem Sonntagnachmittag über den Überfluss an Dingen, der sich bei vielen von uns findet. Es scheint fast, als hätten wir in unseren Leben nicht mehr genug Raum für alles. Für viele von uns heißt die Frage nicht länger: Wie komme ich an das, was ich brauche?, sondern: Wie kann ich das loswerden, für das ich einfach keinen Platz mehr habe? Unter der Rubrik »Zu verschenken« kann man vieles davon im Netz finden. Und die Vermietung von Lagerraum an Privatleute ist ein eigenes Gewerbe geworden. Ein großer Teil unseres Besitzes macht unter uns die Runde, wechselt den Besitzer, wird ein- und ausgepackt, zieht um, wird eine Weile zwischengelagert – weil eigentlich niemand für diese Dinge den nötigen Raum hat.

Wir sprachen an diesem Sonntagnachmittag über den Überfluss an Dingen, der sich bei vielen von uns findet. Es scheint fast, als hätten wir in unseren Leben nicht mehr genug Raum für alles.

Secondhand-Läden machen eine fantastische Arbeit, verhelfen Dingen zu einem zweiten Leben und schaffen Jobs. Ich könnte mehrere Kolumnen darüber verfassen, wie diese Bewegung dem sozialen Leben allein schon in Göteborg nutzt, aber das muss warten.

Man soll ja nicht Dinge gegeneinander ausspielen, aber ich kann es mir nicht verkneifen, das Erlebnis in Oslo der wenig glamourösen Wirklichkeit meiner täglichen Arbeit in unserer Kirche gegenüberzustellen. Ich denke an die Begegnungen mit all den Menschen, die zu uns kommen und Schlange stehen, weil es ihnen an den elementarsten Dingen fehlt. Jeden Tag. Das ganze Jahr. In unserer Kirche, aber auch in vielen anderen im Großraum Göteborg. Viele von ihnen wohnen in Autos, in Zelten oder irgendwo in einem Treppenhaus. Wir leben in derselben Stadt, aber doch in völlig getrennten Welten. Dazwischen steht ein Sofa. Wir haben keinen Platz in unserer Wohnung, um es noch irgendwo unterzubringen. Und die, die es gebrauchen könnten, haben keine Wohnung, um es hineinzustellen. So ist es. Leider.

In mein Abendgebet habe ich aufgenommen, dass ich mich nie an diese Situation gewöhnen und nie bequem werden möge. Ich bitte darum, dass die Wirklichkeit bei mir eine fortgesetzte unangenehme Reibung erzeugen soll.

Es gibt ein schönes finnisches Sprichwort, das sagt, man solle nicht mehr besitzen, als man mit in eine Birke hinaufnehmen kann. Ich habe diesen Satz viele Jahre lang zitiert, weil ich ihn lustig fand. Heute glaube ich, es wird für viele für uns Zeit, dass wir uns ein bisschen in Richtung Birke bewegen.

Der Wald macht keine Termine

Manchmal liest man von Menschen, die sich im tiefen Wald verlaufen. Wie oft das Entgegengesetzte passiert, das beschreibt kaum jemand. Aber es gibt sie, die Menschen, die in den Wald gegangen sind und wieder heimgefunden haben, zu sich selbst, die im Wald die Kraft geschöpft haben, um eine gefährdete Beziehung zusammenzuhalten, oder die das Leben gefunden haben, dem sie immer nachjagten, ohne es je zu erreichen.

Seit in den Wäldern, in deren Nähe wir wohnen, Reitwege angelegt worden sind, habe ich wiederentdeckt, was ich fast schon vergessen hatte: Welche Kraft der Wald hat. Aus nachvollziehbaren Gründen schaffen wir es nicht, an jedem Tag eine richtige Wanderung zu machen, aber mehrmals in der Woche nehmen wir die verschlungenen Wege Richtung Djupedal unter die Füße, und merkwürdigerweise werden wir dieser Wege nie überdrüssig. Immer dieselben rotbraunen Steine, dieselben Bäume, dieselben Felsbrocken – und dennoch das Erleben, dass alles immer wieder neu ist. Jedes Mal. Irgendetwas passiert, wenn man das offene Feld verlässt und sich unter den Schutz der Bäume begibt. Außerdem ist im Wald so gut wie immer gutes Wetter.

Es gibt allerhand Studien, die sich mit der Rolle des Waldes für die menschliche Gesundheit befassen. Erwiesen ist, dass der Wald eine Umgebung ist, in der wir uns gut erholen. Die Forscherinnen Ann Dolling und Ylva Lundell von der landwirtschaftlichen Fakultät in Umeå betreiben schon seit einigen Jahren das Projekt *Wald und Gesundheit*. In mehreren Interviews haben sie von ihrem Traum erzählt: dass Ärzte in Zukunft »Wald« verschreiben dürfen, so wie es heute schon Bewegung auf Rezept gibt.

Seit in den Wäldern, in deren Nähe wir wohnen, Reitwege angelegt worden sind, habe ich wiederentdeckt, was ich fast schon vergessen hatte: Welche Kraft der Wald hat.

Eine Sache, die immer zur Sprache kommt, wenn es um die gesundheitlichen Effekte des Waldes geht, ist die Abwesenheit aller Ansprüche. Der Wald zwingt mich nicht, Entscheidungen zu treffen. Vielleicht ist ja genau dies der geheime Segen des Waldes: Er will nichts von mir. Er steht einfach da, Jahr für Jahr. Wie eine immerwährende Einladung. Und genau das ist es ja, wonach wir uns heute sehnen: Orte, an denen wir schon rein körperlich auftanken können. Orte, an denen wir von guten Kräften umgeben sind: dem Duft von Harz und Moos, dem

Rauschen in den Baumkronen, dem Gesang der Vögel oder auch ganz einfach von nichts als Stille.

C.S. Lewis erzählt in einem der Bände der Narnia-Chroniken von einem Wald, in dem es auffallend still ist. Die Kinder, um die es in der Geschichte geht, geraten in diesen Wald und beschreiben ihn im Nachhinein als einen »mächtigen« im Sinne von sättigendem Ort, »mächtiger als ein Rosinenkuchen«. Und sie behaupten: »Es war dort so still, dass man die Bäume wachsen hören konnte.«

Veränderung, Verbesserung und Fortschritt – darum geht es in den Fluren der betriebsamen Innenstädte. Die Tannen bleiben davon unbeeindruckt. Die Kiefern lächeln etwas von oben herab. Sie warten, bis wir erschöpft sind und aufgegeben haben. Aber dann halten sie uns keine Gardinenpredigt, sie machen uns auch keine Vorwürfe, weil wir zu leben vergessen haben. Sie rascheln nur ein wenig mit den Nadeln und warten. Und wenn wir endlich wieder auf dem Weg zurück in den Wald sind, tun sie so, als würden sie uns nicht sehen. Denn der Wald macht keine Termine. Und genau deshalb ist er so heilsam.

Vom Image der Rastlosigkeit

Ich habe einige Sommertage dieses Jahres damit verbracht, der Hörbuchfassung meiner Kolumnen zu lauschen. Wenn man die Texte nacheinander hört, entdeckt man die großen Linien, die sich durchziehen, die Themen, die durchgehend vorkommen, das, was sich wiederholt.

Ein wiederkehrendes Motiv, vor allem in den frühen Texten, ist der Kampf gegen die Eile und die Sehnsucht nach Stille. Immer wieder träumte ich davon, mal einige Stunden lang nicht unterbrochen zu werden, lange Gespräche zu führen und auf gute Weise untätig zu sein. Warum ich mich so oft damit befasst habe? Vielleicht einfach, weil man gern über das spricht und schreibt, was einem fehlt.

Ich bin nun mal ein unruhiger Geist, einer, der ohne Zeit zu verplempern von A nach B kommt und der Telefongespräche immer zu schnell beendet. Ratzfatz. Danke und Tschüs! Das ist meine Melodie.

Nicht immer weiß meine Umgebung das zu schätzen. Ich höre schon mal das Wort »rastlos«. Dabei ist der schlechte Ruf, in dem die Rastlosigkeit steht, unverdient. Wenn sie zur

Entwurzelung führt, ist sie destruktiv, aber richtig eingesetzt, kann sie einem Menschen den Weg zu Ruhe und Achtsamkeit zeigen, der anders nur schwer zu finden wäre. Ich weiß noch, wie glücklich ich war, als ich den norwegischen Milliardär und Kunstsammler Petter Stordalen in einem Fernsehinterview sagen hörte, dass er arbeitet, um seine Rastlosigkeit aufrechtzuerhalten.

Ich selbst habe immer Menschen beneidet, die still auf einem Stuhl sitzen und die Wand anschauen können – und das genussvoll. Manche sind unter dieser Voraussetzung auch noch kreativ. Ich kann das nicht.

Ich notierte mir seinen Satz auf einem Zettel und legte ihn in eine Mappe, aus der ich ihn heute Morgen wieder gezogen habe. Endlich jemand, der es wagt, über die Verdienste der Rastlosigkeit zu sprechen!

Ich selbst habe immer Menschen beneidet, die still auf einem Stuhl sitzen und die Wand anschauen können – und das genussvoll. Manche sind unter dieser Voraussetzung auch noch kreativ. Ich kann das nicht. Dann spüre ich nämlich die Hummeln unter meiner Sitzfläche. Ich gehöre zu den vielen, denen es gut geht, wenn sie sich bewegen, und was wichtiger ist: die in der Bewegung Ruhe finden.

»Mir gefällt die Vorstellung, dass unsere Gehirne mit einem Informationssystem ausgerüstet sind, das uns Marschbefehle gibt, und dass hierin die Quelle der Rastlosigkeit liegt«, schreibt der englische Reiseschriftsteller Bruce Chatwin.

Sowohl praktisch als auch in seinen Büchern widmete er sich dem, was er »die nomadische Alternative« nannte. Mitten in seiner Karriere hängte er eine gute Stelle als Kunstexperte an den Nagel, um für den Rest seines Lebens als Nomade unterwegs zu sein. Seine Reisen begannen, von einem Tag auf den anderen, wie von einem plötzlichen Einfall geleitet, mit einem Telegramm, das seinen Aufbruch in eine Weltgegend ankündigte, die entlegener nicht sein konnte: »Bin nach Patagonien unterwegs.«

Sich einer Spannung auszusetzen kann, auch wenn es widersprüchlich klingt, ein Weg zur Entspannung sein. Das immer noch wachsende Interesse an Pilgerreisen ist vor diesem Hintergrund ein Zeichen unserer Zeit, das einen sehr froh machen kann. Im Pilgern lässt sich Ruhe finden – und manchmal Rettung.

Um es mit den Worten eines deutschen Jesuiten zu sagen: »Wenn nichts mehr geht – geh!«

»Ich spüre wieder das Leben«

Einer meiner besten Freunde wohnt in der »Hauptstadt des Jammergürtels«. (Es handelt sich um Örebro, eine Stadt, die diesen Spitznamen aufgrund des weinerlich klingenden Dialekts der Region trägt. Anm. d. Übers.) Er selbst ist aber alles andere als ein Jammerlappen. Gestern war er überschäumend fröhlich und erzählte mir, noch bevor ich überhaupt »Hallo« sagen konnte, dass er sein neues Auto bekommen hatte. Kein Luxusschlitten, sondern ein Kleinwagen, aber ganz neu. Seinem Freudenausbruch folgte sofort eine Entschuldigung: Sein Glück sei aber natürlich nur ein rein materielles.

Aber warum sich entschuldigen? Es gibt ein materielles Glück, ein Glück, das man mit Geld kaufen kann. Wer etwas anderes behauptet, sagt nicht die Wahrheit. Das Problem mit dem materiellen Glück ist lediglich, dass es so wahnsinnig kurzlebig ist. Wir spüren es in dem kurzen Moment, in dem wir das neue Sofa ins Haus tragen oder die Verpackung des neuen Smartphones aufreißen. Nichts fehlt uns mehr, denn ab sofort wird unser Leben viel einfacher, weil wir ja den Kalender im Telefon haben und alles mögliche andere. Vielleicht wird unser Leben jetzt sogar besser. Aber schon in dem Moment, in dem wir die Gebrauchsanleitung zur Seite legen, die zu lesen wir niemals schaffen werden, beginnt der Wert des Neuen zu sinken. Wir spüren schon, dass wir bald beginnen werden, nach einem noch besseren Gerät zu schielen.

Der Frühling kommt immer wie zum ersten Mal, er ist frei von dem Fluch, verglichen zu werden. Noch nie habe ich gedacht, dass der letzte oder der vorletzte Frühling schöner war.

Später an diesem Tag sitze ich an der Hauswand, blinzele gegen die ersten richtig warmen Strahlen der Frühlingssonne und trinke einen Kaffee, der aus frisch gemahlenen, dunkel gerösteten Bohnen gebrüht ist. Aus dem Schornstein steigt Rauch, und ein Eichhörnchen wagt einen halsbrecherischen Sprung zwischen den hohen Ulmen hinter unserem Haus. Es ist windstill und ruhig, abgesehen vom Vogelgezwitscher, das in diesem Jahr besonders intensiv ist.

Die Verbindung von diesem starken Licht, den Düften und Klängen führt mich nach Hause, zu dem Weg, der auf mein Elternhaus zuführt. Ich höre das Geräusch des Wassers, das unter dem Schnee her fließt, damals, in Skarpåkern in Kramfors, als trügen die Sonnenstrahlen alle früheren Frühlinge in sich. Der Frühling kommt immer wie zum ersten Mal, er ist frei von dem Fluch, verglichen zu werden. Noch nie habe ich gedacht, dass der letzte oder der vorletzte Frühling schöner war.

Ich habe einmal ein Interview mit einer Frau geführt, die lange Jahre heroinabhängig gewesen war und sich prostituiert hatte. In den Achtzigerjahren hatte sie in einem berüchtigten Viertel von Stockholm gelebt; wegen ihrer schweren Drogenabhängigkeit war ihr das Kind weggenommen worden. Jetzt hatte ihr Leben eine Wende genommen, sie war frei von Drogen, und sie hatte ihre Tochter wiederbekommen. Gemeinsam mit einem Fotografen traf ich sie in einem Café, und ich werde nie vergessen, wie sie den Frühling beschrieb, den sie gerade erlebt hatte, den ersten ohne Narkotika.

»Ich spüre wieder das Leben«, sagte sie. Die Drogen hatten sie von allem um sie herum abgeschnitten. Jetzt hatte der Nebel sich gehoben, und sie entdeckte Huflattich, Gelbstern und Blaustern, sie hörte die Vögel singen! Sie hatte so viele Jahre nichts von alledem wahrgenommen, dass sie es ganz vergessen hatte. Jetzt spürte sie wieder das Leben.

Sich so zu freuen bedeutet nicht, dass man nichts Materielles mehr bräuchte. Man kann nicht vom Vogelgesang leben. Aber diese Freude ist eine Stimmgabel, die den Ton angibt, der die Klanghöhe alles anderen bestimmt.

Lieben, was man hat

Während ich mit großen Schritten auf meinen Geburtstag zugehe, denke ich darüber nach, wo der Unterschied liegt zwischen »alt werden« und »reif werden«. Alt wird man ja, ohne dass man sich darum bemühen müsste; dass man dabei auch reif wird, ist alles andere als selbstverständlich.

In meiner Arbeit treffe ich auf viele alte Menschen. Ich bin gern in ihrer Gesellschaft und habe für meinen Dienst eine Einrichtung gewählt, in der die Hochbetagten eine große Gruppe bilden. Ich weiß nicht, wie mein Leben aussähe, wenn ich nicht schon so viele lebendige Menschen mit einer großen Ausstrahlung getroffen hätte, die schon so lange leben, durch Höhen und Tiefen gegangen sind und dabei Glaube, Liebe und Hoffnung bewahrt haben. Nicht selten findet man bei ihnen eine große Portion Lebensfreude, die sie noch glaubwürdiger macht.

Aber ich kenne auch Beispiele für das Gegenteil: Männer und Frauen, deren Urteil über andere mit den Jahren immer strenger geworden ist, die immer das eine gegen das andere ausspielen und deren Welt auf so ein kleines Format zusammengeschnurrt ist, dass sie jetzt in ihre Handtasche passt. Es sind nicht viele, aber es gibt sie. Sie mögen in manchem recht haben, aber sie strahlen nichts aus. Während es um sie dunkler wird, bleibt kein Licht, dem sie folgen könnten. Da ist keine Wärme, die man bei ihnen finden könnte, wenn die Welt einem kalt erscheint.

Wie ist es dazu gekommen? Und wie kann man als Erwachsener vermeiden, in seinem Wachstum stehen zu bleiben?

Wenn man sieht, wie unterschiedlich die Bedingungen jedes einzelnen Lebens sind, wird man mit voreiligen Schlüssen und Pauschalurteilen vorsichtig sein. Aber zuhören kann man, und nachdenken.

Ich sammele seit einiger Zeit Gedanken, Texte und Zitate zu genau diesem Thema. Ich weiß nicht richtig, was ich mit diesen vielen Notizen anstellen soll, außer dass sie mir selbst vielleicht eines Tages als Erinnerung dienen, im besten Fall sogar als Wegweiser. Eine dieser Notizen spricht vom Haben und Lieben, genauer: davon wegzukommen, dass man unbedingt alles haben will, was man liebt, um stattdessen alles zu lieben, was man hat. Das mag wie ein Wortspiel klingen, aber für mich ist es eine sehr ernste Angelegenheit. Und ein Lackmustest für Reife.

Ich weiß nicht, wie mein Leben aussähe, wenn ich nicht schon so viele lebendige Menschen mit einer großen Ausstrahlung getroffen hätte, die schon so lange leben, durch Höhen und Tiefen gegangen sind und dabei Glaube, Liebe und Hoffnung bewahrt haben.

Es ist eine Art Volkskrankheit, ständig nach Dingen Ausschau zu halten, die wir noch nicht haben, und dann, wenn wir sie uns endlich angeschafft haben, festzustellen, dass sie nicht genau das sind, wonach wir gesucht hatten. Nichts ist gut genug, alles muss noch ein bisschen besser werden. Es ist die Illusion, dass das Leben immer gerade irgendwo anders zu finden ist, in einer anderen Wohnung, in einem anderen Haus, in einem anderen Leben, an einem anderen Ort, in einem anderen Job, mit einer anderen Frau, einem anderen Mann.

Aber während man dem Impuls folgt, alles besitzen zu wollen, was einem liebenswert zu sein scheint, passiert leicht ein Unglück: Man erstickt die Liebe zu dem, was man bereits hat. Zu dem, was man gewohnt ist, was schon etwas abgenutzt ist, wohlbekannt und nicht immer spannend, aber ein Teil unserer langen Lebensgeschichte. Oder, um es mit den Worten des Schriftstellers und Komponisten Carl Jonas Almqvist (1793–1866) zu sagen:

So sei die Klugheit doch gelobt,
die uns mit guten Regeln mahnt,
recht wertzuschätzen, was da ist,
und nicht nur das, was fehlt.

Die Not-to-do-Liste

Unser Haus ist voller Listen. Denk-dran-Listen, To-do-Listen und Listen, die den Punkten anderer Listen Prioritäten zuordnen. Kleine Notizen, die aufzählen, was in Haus und Hof zu erledigen ist, daneben die Namen von Menschen, die wir mal zum Essen einladen sollten. Listen sind klasse. Immer wenn man etwas auf eine Liste schreibt, hat man schon damit begonnen, die Sache in Angriff zu nehmen. Fast ohne Anstrengung hat man den ersten Schritt zu ihrer Erledigung getan.

Der folgende Dialog ist nicht komplett fiktiv:

»Hast du die Dichtung vom Wasserhahn im Bad ausgetauscht?«

»Nein, aber ich habe es aufgeschrieben.«

»Gut!«

Man schreibt auf und hakt ab, und wenn genug Punkte auf einer Liste abgehakt sind, lässt man alle unerledigten Punkte auf eine neue Liste umziehen. Wenn es zu viele Listen werden, stellt man eine Meta-Liste auf, die den verschiedenen

Punkten der anderen Listen eine Priorität zuordnet. Ich habe Dinge auf meinen Listen, die schon von einer Liste zur anderen gewandert sind, ohne erledigt zu werden. Dennoch habe ich sie nicht aufgegeben. Ich bin dran.

Warum nicht einmal eine Not-to-do-Liste schreiben? Um wichtige Dinge in der richtigen Reihenfolge zu verpassen, wie ein Freund zu sagen pflegt.

Neulich saßen wir mit unseren Kalendern auf dem Schoß und versuchten, uns einen Überblick über unsere Sommerferien zu verschaffen. Und prompt waren wir dabei, das Tempo, mit dem wir in der Hochsaison unseres Lebens unterwegs sind, auch für die Ferien einzuplanen. Es gibt ja so viel, das in den Sommerwochen erledigt werden will: mit den älter gewordenen Eltern Zeit verbringen, aber auch mit anderen Verwandten und Freunden, Ausflüge, größere Aktionen im Garten, Reisen und eine erschreckend große Zahl von Grillabenden. Alles an sich sehr schön, aber wenn man nicht aufpasst, kommt man aus den Ferien mit genau demselben hohen Puls zurück, mit dem man sie begonnen hat. Wir ahnten es.

Als wir gerade anfangen wollten, die Sommeredition unserer To-do-Listen zusammenzustellen, kam uns plötzlich ein umstürzlerischer Gedanke: Warum nicht einmal eine Not-to-do-Liste schreiben? Um wichtige Dinge in der richtigen Reihenfolge zu verpassen, wie ein Freund zu sagen pflegt. Was sollte den Sommer über ruhen? Was wollen wir schwänzen? Was kann bis zum Herbst warten? Welche Alltagsaufgaben können wir vernachlässigen, ohne dass wir in eine Krise geraten?

Wir merkten, dass die Dinge, die wir am ehesten ruhen lassen konnten, unser Ehrgeiz war, unsere eigenen Erwartungen und das, wovon wir glaubten, die anderen würden es von uns erwarten. Hier wurde die Not-to-do-Liste zu einer großen Hilfe. Das Haus muss im Sommer nicht tipptopp aussehen. Man muss nicht mit allem fertig sein, wenn die Gäste kommen. Man muss nicht sämtliche Freunde in ein und demselben Sommer besuchen.

Der Abend verging, die Liste wuchs, und der Druck nahm ab. Wir stellten fest, dass wir mit unserer Not-to-do-Liste einen Freiraum für anderes geschaffen hatten: ausschlafen, noch ein bisschen liegen bleiben, nichts geschafft kriegen, den Tag verrinnen lassen, gaaanz langsam machen und andere wichtige Dinge, die dazu beitragen, dass man wieder ein Mensch »aus einem Stück« wird, wie wir in Schweden sagen.

Schon im 16. Jahrhundert schrieb Martin Luther: »Man kann Gott nicht allein mit Arbeit dienen, sondern auch mit Feiern und Ruhen.« Wenn dieser Hinweis damals schon nötig war – wie viel mehr ist er es in einer Zeit, in der ein Baumarkt mit dem Satz für sich wirbt: »Es gibt immer etwas zu tun!«

Haben Sie ein paar Minuten Zeit für die Ewigkeit?

Wir waren auf dem Weg zu einem Treffen, hatten schon etwas Verspätung und drehten gerade mehrere Runden durch die Innenstadt, ohne einen Parkplatz zu finden. Und genau in dem Moment, in dem ein Platz frei wurde und ich so schnell wie möglich hinüberfuhr, um ihn mir zu sichern, klingelte mein Handy.

»Haben Sie Zeit, um ein paar Fragen zur Ewigkeit zu beantworten?«, fragte eine helle und offenbar sehr nervöse Stimme.

Die Anruferin stellte sich vor und erzählte, dass sie und ihr Freund (der wohl neben ihr saß; man hörte ihn leise sprechen) in Jönköping wohnten und gerade für die Schule eine Arbeit über das Verhältnis der verschiedenen Religionen zur Ewigkeit schreiben sollten.

»Das dauert nur ein paar Minuten«, ergänzte sie und klang dabei ein bisschen wie jemand vom Callcenter.

Ich konnte mir denken, dass ihre Eltern irgendeins meiner Bücher gelesen hatten, sich daran erinnerten, dass ich einen Hang zu Glaubensdingen habe, und auf die Idee gekommen waren, ich könnte doch das Ewige mal eben kurz in drei oder vier Minuten zusammenfassen.

Ich erklärte, in welcher Lage ich gerade war, und sagte, dass ich jetzt nicht antworten könne. Ob ich später zurückrufen dürfe? – Nein, auf einen anderen Termin verschieben könnten wir das Telefonat nicht. Bis dahin müsse die Arbeit schon abgegeben sein. Jetzt oder nie. Ich war gezwungen, sie zu enttäuschen, und wand mich gleichzeitig aus dem Auto und aus dem Auftrag, um zu der Adresse zu eilen, bei der wir schon etliche Minuten früher hätten sein sollen.

So wie ich es verstehe, ist die Ewigkeit nicht etwas, das auf unser irdisches Leben folgt, sondern etwas, das schon jetzt stattfindet.

Später am Abend fiel mir der Anruf wieder ein, und ein mächtig schlechtes Gewissen machte sich bemerkbar, weil ich den jungen Småländern keine ordentliche Antwort hatte geben können. Noch mehr ärgerte ich mich allerdings darüber, dass wir eine Kultur geschaffen haben, die so wenig Flexibilität erlaubt, einen Lebensstil, der auf exakte Pünktlichkeit Wert legt, aber günstige Gelegenheiten verpasst.

Seit diesem Tag ist die Frage der Schülerin bei uns zu Hause sprichwörtlich geworden. Wenn der Alltag zu schnell vorbeibraust und wir es nicht schaffen, über etwas anderes als das gerade Aktuelle zu reden, dann sagen wir manchmal zueinander: »Hast du ein paar Minuten Zeit für die Ewigkeit?« Oft nur zum Spaß und ohne dass ein tieferes Gespräch daraus würde. Aber manchmal wird diese Frage auch zu einer willkommenen Abkürzung, hin zu einem Gespräch, das sonst nicht stattgefunden hätte. Denn unter den Begriff »Ewigkeit« lässt sich alles fassen, was in unserem Leben von bleibendem Wert ist: Liebe, Fürsorge, Vertrauen – aufeinander und auf Gott. Und nicht zuletzt die zarte Hoffnung auf ein Wiedersehen, wenn unser Leben auf der Erde zu Ende gegangen sein wird. Also das, worüber die Schülerin sprechen wollte. Solche Themen scheinen zu einer ganz anderen Sorte zu gehören als der neue Fahrplan der Bahn, das Zeiterfassungssystem in der Firma oder sonstige Fragen der Alltagslogistik. Vielleicht sind sie es aber auch nicht. So wie ich es verstehe, ist die Ewigkeit nicht etwas, das auf unser irdisches Leben folgt, sondern etwas, das schon jetzt stattfindet. Und ich glaube, dass ein Gespräch über die Ewigkeit heute eher mehr als weniger gesucht wird – von Menschen, deren Verhältnis zum Glauben ganz unterschiedlich ist, die in der Kirche oder ganz fern von ihr leben. Wir, die Leute, die es sehr zu schätzen wissen, wenn jemand mal einige wenige Minuten für die Ewigkeit übrig hat, wir sind eine große Gruppe.

Ich habe neulich eine Chance verpasst. »Aus zeitlichen Gründen«, wie man so sagt.

Die Welt des Glaubens unterscheidet

sich nicht von anderen Welten

Springer und Fänger

In meinem Bücherregal steht eine lange Reihe genau gleich aussehender italienischer Buchkalender. Alle groß, schwarz und abgenutzt. Eigentlich gehöre ich zur Gruppe derer, denen der Jahreswechsel ziemlich egal ist. Und dennoch kenne ich dieses etwas feierliche Gefühl, wenn wieder ein alter, ausgedienter Kalender seinen Platz in der Reihe der anderen einnimmt.

Es ist auch ein bisschen unheimlich. Natürlich steht im neuen Kalender auch schon alles Mögliche: Konferenzen, fest gebuchte Veranstaltungen, geplante Reisen. Aber letztlich kann man sich keiner Sache sicher sein, bevor sie nicht wirklich stattgefunden hat. Es gab Zeiten in meinem Leben, in denen ich sämtliche Termine wegen Krankheit und Trauer streichen musste, als das, was gerade anstand, alles andere weniger wichtig machte. Zuweilen denke ich: Wenn man von manchen Jahren gewusst hätte, was sie einem bringen, hätte man auf der Schwelle kehrtgemacht. Aber diese Möglichkeit ist uns ja nicht gegeben. Stattdessen ist es mit dem neuen

Jahr wie mit jedem neuen Tag: Man muss sich ihm entgegenwerfen und hoffen, dass man aufgefangen wird.

Eines meiner wichtigsten Vorbilder ist der kanadische Theologe Henri Nouwen. Neben der Theologie kannte er nur ein großes Interesse: den Zirkus. Eines Sommers mietete er ein Wohnmobil und begleitete eine Zirkustruppe. Das erlaubte ihm, aus größter Nähe sozusagen ein Spezialstudium der Trapezkünstler »The Flying Rodleighs« zu betreiben. Er beobachtete ihre Art zu arbeiten, ihre Disziplin, das Spiel ihrer Körper, die Angst, den Applaus, die Misserfolge. Ihre Art, sich in der Luft zu bewegen, schien ihm ein Bild des menschlichen Lebens zu sein, und er meinte darin immer dieselbe Botschaft zu erkennen: Es geht um das Loslassen und Aufgefangenwerden. »Um Tod und Auferstehung«, wie er es ausdrückte.

»Als Springer muss ich vollkommenes Vertrauen in meinen Fänger haben. Das Publikum mag denken, dass ich der große Star des Trapezes bin, aber der eigentliche Star ist Joe, mein Fänger.«

In einem seiner Bücher berichtet Nouwen von einem Gespräch, das er im Wohnwagen des Leiters der Trapezkünstler führen durfte.

»Als Springer muss ich vollkommenes Vertrauen in meinen Fänger haben. Das Publikum mag denken, dass ich der große Star des Trapezes bin, aber der eigentliche Star ist Joe, mein Fänger. Er muss für mich da sein mit der Präzision des Bruchteils einer Sekunde und mich aus der Luft heraus packen, wenn ich beim langen Sprung auf ihn zukomme.«

»Wie geht das?«, fragte ich.

»Das Geheimnis besteht darin«, sagte Rodleigh, »dass der Springer nichts tut, und der Fänger tut alles. Wenn ich auf Joe zufliege, muss ich lediglich meine Arme und Hände ausstrecken und darauf warten, dass er mich fängt ...«

»Du tust nichts?«, sagte ich voller Überraschung. »Nichts«, antwortete er. »Das Schlimmste, was der, der springt, tun kann, ist, zu versuchen, den Fänger zu erhaschen. Meine Aufgabe ist es nicht, Joe zu erhaschen. Es ist *seine* Aufgabe, mich zu fangen. Würde ich Joes Handgelenke ergreifen, könnte ich sie brechen, und das wäre das Ende von uns beiden. Ein Springer muss fliegen, und ein Fänger muss fangen – und der Springer muss mit ausgestreckten Armen darauf vertrauen, dass ein Fänger da sein wird für ihn.«[1]

So versuche ich zu leben. Ich behaupte nicht, dass es mir gelingt, aber ich versuche es. Ich strecke meine Arme aus in Richtung Zukunft – was auch immer mir dort begegnen wird –, zum Gott des Lebens, und bete darum, aufgefangen zu werden.

1 Auszug aus »Our Greatest Gift. A Meditation on *Dying and Caring*«, zitiert auf www.weg-vallendar.de.

Für uns, die wir versagen

Ich hatte jemandem eine sehr, sehr wichtige Sache versprochen, anderes kam mir dazwischen, die Zeit verging, und ich vergaß die Angelegenheit. Als ich endlich mein Versprechen doch noch einlösen wollte, musste ich feststellen, dass es zu spät war. Sogar zu spät für Erklärungen oder Versuche, noch irgendetwas zurechtzubiegen. Selten habe ich besser verstanden, was ein Sünder ist, als in dieser Situation: jemand, der das Ziel verfehlt, was ja die eigentliche Bedeutung des häufig missverstandenen Begriffs ist.

In der Zeit, die folgte, ging ich mit mir hart ins Gericht. Wie ein Wiederkäuer grübelte ich unablässig über meine Verfehlung, bis mir dieses einmalige Vorkommnis symptomatisch für meine gesamte Persönlichkeit zu sein schien. Von der anfänglichen Feststellung, in dieser einen Sache versagt zu haben, ging ich dazu über, mich als Versager zu sehen.

Als ich an diesem Punkt war, wurden einige Zeilen aus dem

Buch »Falling upward«[2] des Franziskanerpriesters Richard Rohr für mich sehr wichtig. Dort schreibt Rohr, dass wir in geistlicher Hinsicht mehr durch das wachsen, was wir falsch machen, als durch das, was wir richtig machen. Und falls es etwas geben sollte, was man als menschliche Perfektion bezeichnen könnte, dann bezöge sich das auf den richtigen Umgang mit der Unvollkommenheit. Vor allem mit der eigenen.

Rohr zufolge ist das Streben nach Perfektion der größte Feind des Guten. Und ich glaube, dass er recht hat. Perfektion ist etwas für Mathematiker. Und für Gott. Güte dagegen ist etwas Schönes und Menschliches. Sie schließt das Mangelhafte ein und bringt uns einander näher. Wir sind nicht die Summe unserer Niederlagen. Auch nicht die all unserer Schwächen. Wir sind viel mehr als das: Menschen, die im Werden begriffen sind.

Kaum etwas ist so schwer auszuhalten wie ein Mensch, der nie versagt, der immer alles richtig macht und der überzeugt ist, dass er immer recht hat.

Kaum etwas ist so schwer auszuhalten wie ein Mensch, der nie versagt, der immer alles richtig macht und der überzeugt ist, dass er immer recht hat. Der immer die hundert Prozent erreicht.

»Wie verabscheue ich den Ausdruck ›hundertprozentig‹!«, schrieb Tomas Tranströmer. Er beschrieb die Hundertpro-

---

2 Titel der deutschen Ausgabe: Reifes Leben. Eine spirituelle Reise, Herder Verlag.

zentigen als die, »die niemals anderswo als auf ihrer Vorderseite verweilen können, die niemals zerstreut sind, die niemals die falsche Tür öffnen und einen Schimmer des Unidentifizierten zu sehen bekommen. Geh an ihnen vorbei!«[3]

Die Einsicht, dass wir alle »im Hemd dastehen«, macht uns füreinander erträglicher – und unendlich wichtig. Der Mythos von der eigenen Vortrefflichkeit muss ab und zu einen Knacks bekommen. Auch wenn es wehtut und immer wieder wehtun wird. Ein anderer Mensch hat unter dem, was wir getan haben – oder nicht getan haben – gelitten. Aber die Geschichte muss damit nicht zu Ende sein. Nach Schmerz, Scham und Tränen kann es passieren, dass ein veränderter Mensch hervortritt. Einer, der nicht perfekt ist, aber andere ein bisschen besser versteht. Seine Verfehlungen zu erkennen ist deshalb nicht das Ende, sondern der Beginn eines Wegs, der zu etwas Neuem führt. So betrachtet besteht die größte Gefahr darin, nie Fehler zu machen.

Und damit bin ich schließlich bei dem, worum es im christlichen Glauben geht: bei der Vergebung der Sünden. Hier öffnet sich für mich etwas von der tiefsten Dimension des Gottesglaubens, nicht zuletzt für die, die erst spät zu Einsichten gelangen. Es gibt immer noch eine weitere Instanz. Wenn scheinbar alles gelaufen ist, hat der Gott, der außerhalb von Raum und Zeit steht, immer noch eine Karte im Ärmel. Vielleicht ist es das, was Gnade bedeutet.

3 Tomas Tranströmer. *Sämtliche Gedichte,* aus dem Schwedischen von Hanns Grössel, München 1997, »Goldwespe«, S. 222.

Hand aufs Herz

Eines Sonntags gegen Ende des Gottesdienstes, ausgerechnet am ersten Advent, erzählte mein Kollege, der wie ich Pastor unserer Gemeinde ist, dass er beim Beten manchmal die Hand auf die Brust lege. Er empfinde das als eine Geste der Sammlung, als wolle er sein Herz beruhigen. Dann schlug er vor, dass alle, die das gerne wollten, es ihm nachtun könnten, während wir nun für unsere Welt beten würden, in der so viele hart um ihr Überleben zu kämpfen haben.

Normalerweise schließe ich während des Gebets in der Kirche die Augen, aber an diesem Tag musste ich mich einfach umschauen. Wir waren weit über tausend Gottesdienstbesucher, und als so viele von ihnen ihre offene Hand auf die Brust legten, ging etwas Weiches, Warmes und Schönes durch den Raum.

Für mich hatte das, was da geschah, noch eine zweite Bedeutung, denn für den Bruchteil einer Sekunde fühlte ich mich in eine Situation zurückversetzt, die einige Jahre her ist. Ich erinnerte mich an einen bleischweren Augenblick, den wir mit unserem jüngsten Sohn gegen Ende seines Lebens durchmachten. Er lag im Krankenhaus, hatte starke Schmerzen und litt unter Angstattacken. Wenn die Angst kam, streckte er seinen Brustkorb heraus, als wäre da nicht genug Platz, als müsse er Raum für die Angst schaffen. Wir begegneten dieser Bewegung immer so, dass wir unsere offene Hand auf seinen Brustkorb legten, und merkten schnell, dass es eine beruhigende Wirkung hatte, wenn die Hand eines Menschen ganz still auf seiner Brust lag.

Gebet ist etwas wesensmäßig anderes als das Heruntersagen von Worten. Zu beten heißt, die Hand auf den vorgewölbten Brustkorb dieser Welt zu legen und es zu wagen, ihren Herzschlag zu spüren.

Einmal begann eine solche Angstattacke gerade in dem Moment, als ein Arzt und sein Assistent zur Visite im Zimmer waren. Ludvigs älterer Bruder John saß am Bett und legte mit größter Selbstverständlichkeit seine Hand auf den vorgewölbten Brustkorb. Der Arzt, der seinem Assistenten gerade etwas erklärte, unterbrach seinen Redefluss und blieb eine ganze Weile still am Bett stehen, um aufmerksam zu beobachten, was da gerade geschah.

»Unglaublich, wie ruhig er durch diese Hand wurde!«, brach es dann aus ihm heraus. Und dann: »Aber eigentlich ist es ja gar nicht so seltsam. Die Hand lag ja direkt auf dem Herzen. Hand aufs Herz …«

Das Gefühl, das ich damals im Krankenhauszimmer hatte, überschwemmte mich nun, an diesem ersten Advent, noch einmal. Alles war wieder da: die Ohnmacht, die Trauer, die Verzweiflung, aber auch die hoffnungsvolle Entdeckung dessen, was die Hand eines Teenagers angesichts einer so realen und lähmenden Kraft wie der Angst vermag.

Schon einen Moment später war ich wieder zurück im Meer der betenden Menschen um mich her. Ich wusste plötzlich, dass die beiden Räume zusammengehören. Gebet ist etwas wesensmäßig anderes als das Heruntersagen von Worten. Zu beten heißt, die Hand auf den vorgewölbten Brustkorb dieser Welt zu legen und es zu wagen, ihren Herzschlag zu spüren. Aber beten bedeutet auch, der Welt etwas zuzuführen, das größer ist als unser eigener guter Wille. Zu beten heißt, unsere offene Hand auf Gottes Herz zu legen, um den Schmerz zu spüren und die Liebe, die Gott das Leben gekostet hat. Und die in der Berührung mit unseren offenen Händen zu neuem Leben wird.

Es kann geschehen!

Einer meiner treuen Leser machte mich darauf aufmerksam, dass das kleine Wort »vielleicht« in meinen Texten, Vorträgen und Predigten oft vorkommt. Mir selbst war es noch gar nicht aufgefallen, aber ich war sehr froh über diese Beobachtung. Die häufige Verwendung dieses Wortes könnte ein Hinweis auf Unsicherheit oder Zweifel sein, muss es aber nicht.

»Vielleicht« ist für mich vor allem ein Wort der Hoffnung. Frei von Selbstsicherheit und einem närrischen Optimismus, aber doch auf das Mögliche ausgerichtet. Wenn man nach Synonymen für »vielleicht« sucht, stößt man auf lauter Wörter, die betonen, das etwas möglich ist: »vermutlich«, »mutmaßlich«, »eventuell«, »gegebenenfalls«, »nicht ausgeschlossen, dass«, »womöglich« – und in der Schweiz gibt es das schöne Wort »eventualiter«.

Irgendwo in dieser Reihe möchte ich meinen Platz haben. Ich gehöre zu denen, die glauben, aber ich möchte auf keinen Fall zu denen gehören, die sich sicher sind. Denn der Sichere verortet sich außerhalb der Sphäre des Glaubens.

Das Wörtchen »vielleicht« ist deshalb gar nicht so falsch, wenn man vom Glauben redet. Im Schwedischen kann man das Wort »vielleicht« – »kanske« – außerdem auch trennen, dann gibt es einen neuen Sinn: det »kan ske« – es »kann geschehen«.

Nur noch wenige Tage trennen uns vom neuen Jahr, und wenn die Glocken des Doms in der Silvesternacht läuten, tragen unsere Kalender eine neue Jahreszahl. Aber vielleicht sind es gar nicht die guten Vorsätze, die zählen – die, die wir still für uns fassen, oder die, von denen wir einander erzählen, wenn die Glocken wieder schweigen –, sondern vielmehr die Hoffnung. Die Hoffnung, dass, wie es auch wird, es gut werden wird. Die Hoffnung, dass das, was unmöglich erscheint, doch möglich werden kann.

Ich gehöre zu denen, die glauben, aber ich möchte auf keinen Fall zu denen gehören, die sich sicher sind.

Der Text, der für den Neujahrstag vorgeschlagen ist, ist einer der schönsten Bibeltexte. Er erzählt von einem Feigenbaum, der keine Frucht mehr trägt. Und genau bevor eine Axt von diesem Baum nichts mehr übrig lässt als einen traurigen Stumpf, begegnet uns das Wort »vielleicht«. Es ist der Gärtner, der den Eigentümer des Gartens davon zu überzeugen versucht, er müsse den Baum noch ein Jahr stehen lassen, und er tut es mit den Worten: »... vielleicht bringt er doch noch Frucht« (Lukas 13,9, Lut 2017). In dieser vagen Hoffnung liegt für den Baum die Möglichkeit, doch noch zu überleben. Mehr noch: Hier ist Platz für den Glauben, dass eine günstige Umgebung sogar zu einer neuen Ernte führen kann.

Das Wort »vielleicht« steht hier in einer Erzählung, die vom Nützlichen und Unnützen handelt. Der Eigentümer befiehlt: »Also hau ihn um, was soll er für nichts und wieder nichts den Boden aussaugen!« (Vers 7, GNB) Aber genau dieses »für nichts und wieder nichts« stellt der Gärtner infrage. Er sieht, was kein anderer sieht. Er sieht Frucht, wo alle anderen nur leere Äste sehen. Und deshalb sagt er »vielleicht«, und aus einer anderen Zeit klingt das Echo in den Worten der polnischen Lyrikerin und Nobelpreisträgerin Wislawa Szymborska wider:

Ich glaube an die zitternde Hand
Ich glaube an den zerstörten Lebenslauf
Ich glaube an die jahrelang verschwendete Mühe
Ich glaube an das Geheimnis, das mit ins Grab genommen wird

Deshalb will ich dir, der das Blatt zum neuen Jahr am liebsten gar nicht wenden würde, weil alle Möglichkeiten schon unmöglich geworden sind, zuflüstern, dass das Unmögliche geschehen kann – »kann ske« – »vielleicht«.

Und dir, der du gern einen Glauben hättest, aber nicht glauben kannst, »dass am anderen Ende jemand den Hörer abnimmt«: Es kann geschehen.

Und dir, der du so oft enttäuscht wurdest, dass du nicht mehr wagst, an das Wunder zu glauben, bedingungslos geliebt zu sein: Es kann geschehen.

Um Antwort wird gebeten

Ich hatte in einer ziemlich heiklen Angelegenheit eine SMS geschrieben und erwartete die Antwort deshalb mehr oder minder umgehend. Als eine Stunde vergangen war, ohne dass irgendetwas passiert wäre, kontrollierte ich im Adressbuch meines Handys, ob dort auch wirklich die korrekte Nummer eingetragen war oder ob es vielleicht einen Zahlendreher gegeben hatte und die SMS an die falsche Person gegangen war. Nein, alles in Ordnung. Ich ließ mein Handy für den Rest des Tages nicht aus den Augen, aber als ich ins Bett ging, war immer noch keine Antwort eingegangen. »Die kommt sicher morgen früh«, dachte ich beim Einschlafen. »Die Leute haben ja auch noch anderes zu tun, als auf meine Nachrichten zu antworten.«

Am nächsten Morgen blieb mein Telefon still, und nach einer Weile sah ich ein, dass ich keine Antwort bekommen würde. Ich habe natürlich schon Tausende von Mails und SMS geschickt, die ohne Antwort blieben, und es hat mich nicht beunruhigt. Aber mit dieser Nachricht war es anders. Es ging um einen ganz bestimmten Empfänger und Inhalt, und vor allem ging es, so glaube ich, um eine gewisse Verletzlichkeit.

Ohne Antwort zu bleiben, weckt unangenehme Fragen: Habe ich etwas Unpassendes oder Verletzendes geschrieben? Ist dem anderen etwas passiert, weshalb er mir nicht antworten kann? Oder war das, was ich geschrieben habe, so völlig daneben, dass er meine Nachricht ignoriert? Oder ist sie für ihn einfach nicht wichtig genug?

Die Stille ist gut, aber das Schweigen ist es nicht. Jedenfalls nicht in der Paarbeziehung, am Arbeitsplatz oder im Verhältnis zu Gott.

Spätestens an diesem Punkt muss ich erkennen, dass ich selbst ganz schlecht bin, was das Beantworten von Nachrichten angeht. Das liegt vor allem an der hohen Erwartung, die ich an meine Mitteilungen habe. Ich sage mir also, dass ich »bald« eine »richtige« Antwort schreiben werde. Stattdessen will ich mir angewöhnen, eine kurze Antwort zu geben, die mitteilt, dass ich gerade keine Zeit für eine Antwort habe. Das ist besser, als zu schweigen.

Dass mir dieses Thema gerade jetzt in den Sinn kommt, liegt daran, dass ich mir eine Zeit fürs Schreiben freigenommen habe und mich in einer etwas heruntergekommenen Stadt auf einer Insel im Mittelmeer befinde. Ganz allein. In dem klosterartigen Innenhof, der zu dem Haus gehört, in dem ich ein Zimmer gemietet habe, ist es am Morgen vollkommen still. Nur ab und zu findet ein Vogel hier hinein, um am Springbrunnen zu trinken. Dann zwitschert er ein paarmal, während das Wasser leise plätschert. Sonst ist es still. Unglaublich still. Kaum etwas könnte angenehmer sein.

Es gibt einen Unterschied zwischen Stille und Stille. Vielleicht kann man ihn so beschreiben: Die Stille ist gut, aber das Schweigen ist es nicht. Jedenfalls nicht in der Paarbeziehung, am Arbeitsplatz oder im Verhältnis zu Gott. Stille kann erholsam sein, während das Schweigen oft auf einen Stillstand in den Beziehungen hinweist. Auch in der Beziehung zu Gott.

Die Frage, warum Gott schweigt, hat Menschen beschäftigt, solange es Menschen gibt. In der Bibel finden sich unzählige Gebete, in denen Gott um eine Antwort angefleht wird. »Gott, warum schläfst du?«, ist nur eins davon. Da man bekanntlich manchmal Gott um etwas sonderbare Dinge bittet, ist es nicht verwunderlich, dass man nicht alles bekommt, worum man ihn gebeten hat. Aber wenn ich etwas von Gott erbitten dürfte, etwas für all die Menschen, die darunter leiden, dass der Himmel schweigt, dann würde ich ihn um ein kleines Lebenszeichen bitten, einen kurzen Hinweis, dass ihre Gebete angekommen sind, eine Art Eingangsbestätigung. Darum bitte ich ihn in meinem Abendgebet.

Das wird lustig!

Morgen ist Allerheiligentag. Der Friedhof in Säve, »unser« Friedhof, hat sich in diesen Tagen nach und nach in ein Lichterfeld verwandelt und ist in seiner Stille und Verschwiegenheit tausendmal schöner und bedeutender als jedes Halloweentreiben.

Von oben gesehen muss der Friedhof an diesen dunklen Tagen wie ein Sternenhimmel aussehen. Als hätten Himmel und Erde den Platz getauscht. All die seltsamen Fragen, die gar nicht seltsam sind, wenn man jemanden verloren hat, erwachen: Wie geht es euch jetzt? Könnt ihr uns sehen? Wisst ihr, wie sehr wir euch vermissen? Fragen, die niemand beantworten kann. Aber das leuchtende Gräberfeld wird zu einer Botschaft, die in den Nachthimmel hinausgeht: Wir haben euch nicht vergessen! Ihr beiden seid uns ganz nah, und ihr fehlt uns!

Wenn ein Mensch, mit dem man lange gelebt hat, plötzlich nicht mehr da ist, verändert sich die eigene Wirklichkeit. Die gesamte Wirklichkeit. Man muss lernen, in einer Welt zu leben, die man kaum wiedererkennt. Man tastet nach Haltepunkten. Auch die Vorstellung vom Tod verändert sich, genau wie die von der Schnittstelle oder Bruchkante zwischen Tod und Leben. Auf gewisse Weise ist es die klarste Grenze, die das Leben kennt, und doch erlebe ich, dass es da keine scharfe Linie gibt. Das lernt, wer allein übrig geblieben ist. Da löst sich ein tiefer Seufzer, aber man spürt auch eine Hoffnung: Die Liebe erhebt sich über viele Grenzen, ohne um Erlaubnis zu fragen, auch über die des Todes. Einen Menschen, den man im Leben geliebt hat, liebt man selbstverständlich weiter, auch wenn der Tod uns trennt. Etwas setzt sich fort zwischen uns und dem, den man vermisst. Gegen die Liebe ist der Tod machtlos.

Wenn ein Mensch, mit dem man lange gelebt hat, plötzlich nicht mehr da ist, verändert sich die eigene Wirklichkeit.

Manchmal höre ich mich sagen: »Wenn wir doch nur eine Stunde zusammen verbringen könnten!« Ein Gedanke, der mir kommt, wenn das Bedürfnis, einander etwas zu erzählen, allzu groß wird. Aber auch die alltägliche Sehnsucht weckt die große Frage: Werden wir uns wiedersehen? Richtig wiedersehen?

Die Frage ist nicht neu. Inspiriert vom Glauben der ersten Christen konnte Dostojewski auf der letzten Seite seines Romans »Die Brüder Karamasow« schreiben: »Gewiss, wir werden uns wiedersehen, und freudig werden wir uns gegenseitig alles erzählen, was wir erlebt haben.«

Wenn man an Fragen wie diese rührt, hat keiner *die* Antwort. Wunschträume vermischen sich mit dem Glauben; anders kann es gar nicht sein. Aber es ist nicht verboten, einander Bruchstücke der Hoffnung weiterzugeben, die wir mit uns tragen. Was ich weitergeben kann, ist die Erfahrung, dass der Glaube an ein Wiedersehen mit den Jahren nur stärker geworden ist. Ich glaube ernsthaft, dass wir einander wiedersehen werden.

In Småland kam einmal ein Mann auf mich zu, weil er mir auf einem Friedhof das Bild auf einem rostigen Eisenkreuz zeigen wollte. Er hatte nämlich erstaunt festgestellt, dass die Inschrift dort auf dem Kreuz den letzten Zeilen meines neuesten Buchs sehr ähnlich war. Die Aufschrift des Eisenkreuzes auf dem Friedhof von Rydaholm lautet: »Det står Guds folk en rolighet tillbaka.« (»Es ist noch eine Ruhe vorhanden dem Volke Gottes«, Hebräer 4,9. Im Schwedischen dieser alten Bibelübersetzung bedeutet *rolig* noch *ruhig*, im modernen Schwedisch bedeutet es *lustig*. Moderne Leser können hier also verstehen: »Es steht dem Volk Gottes noch etwas Lustiges bevor.« Anm. d. Übers.) Ich weiß wohl, dass es in diesem Vers um die Sabbatruhe geht, aber etwas an diesem Kontrast zwischen dem Ernst des Friedhofs und dem Wort »etwas Lustiges« lockt mich. Etwas, das mit der Hoffnung auf ein Wiedersehen zu tun hat. Ich glaube, dass es in der ewigen Ruhe – wie in jeder anderen Ruhe – vor Leben und Begegnungen wimmelt. Vom Glück derer, die sich wiedersehen. Deshalb wird wohl die Ewigkeit nicht nur ruhig sein, sondern auch lustig.

So wie es ist, ist es gut

Kurz vor dem Weihnachtsfest 2013 verstarb der Karmelitermönch und Autor Wilfried Stinissen. Seine Bedeutung für das geistliche Leben in unserem Land kann kaum überschätzt werden. Durch Zeitschriftenartikel und Bücher erreichte er Menschen weit über die Grenzen seiner eigenen Kirche hinaus. Sein Markenzeichen war eine tiefe geistliche Weisheit, »dargereicht« in einer verblüffend schlichten Verpackung. Erst im Nachhinein merkte man, dass die Lektüre etwas mit einem gemacht hatte.

Ich habe Stinissen ein einziges Mal getroffen, und dann auch nur für wenige Stunden. Aber während dieser Begegnung erhielt ich den geistlichen Rat, der mir in meinem Leben am meisten bedeutet. Dabei war es eigentlich gar kein Rat, sondern nur ein kurzer Kommentar, und der lautete: »So wie es ist, ist es gut.«

Zusammen mit einem Schriftstellerkollegen war ich ins Kloster Norraby in Tågarp gereist, nach Skåne, in die südlichste Provinz Schwedens. Schon die Art, wie Stinissen uns willkommen hieß, beeindruckte uns. Er stand draußen und hielt nach uns Ausschau, während wir durch den milchig weißen Januarnebel stapften. Als wir bei ihm waren, fiel er uns um den Hals, als habe er wochenlang auf uns gewartet. Auch wenn das natürlich nicht der Fall war – es fühlte sich so an. Und dann verbrachten wir einen Tag in der Gesellschaft eines Mannes, der vieles »abgewählt« hatte, um ein Leben im Gebet zu führen.

Unser Gespräch kann ich im Nachhinein gar nicht wiedergeben, aber gegen Ende des Tages fragte ich ihn beunruhigt nach meinem eigenen geistlichen Leben, von dem ich glaubte, es bekäme wegen meines Familienlebens, des Berufs, der vielen Verpflichtungen und der extrem knapp bemessenen Zeit zur Stille einfach zu wenig Raum zur Entwicklung.

Das Kennzeichen guter geistlicher Wegbegleitung ist, dass sie nicht noch ein zusätzliches Defizit spüren lässt, sondern Mut.

Stinissen sah mich lange an. Dann schaute er eine Weile woanders hin, und schließlich sagte er: »Ich glaube, Gott sieht dich an und sagt: ›So wie es ist, ist es gut.‹«

Dann schaute er auf den Boden und sagte wieder eine Weile nichts. Nach dieser Stille, die mir wie eine Ewigkeit vorkam, ergänzte er: »Aber du sollst wissen, dass du immer willkommen bist, wenn du Gott näherkommen möchtest.«

Seit jenem Tag sind wohl zwanzig Jahre vergangen, aber diese beiden Sätze leben heute stärker in mir als jemals zuvor. Das Kennzeichen guter geistlicher Wegbegleitung ist, dass sie nicht noch ein zusätzliches Defizit spüren lässt, sondern Mut. Und genau das geschah an diesem Tag. Und geschieht weiterhin. Ich bekam den Mut, mit der Selbstunterschätzung Schluss zu machen.

Der innere Stress und der Zwang, sich ständig weiterentwickeln zu müssen, sind die Feinde des geistlichen Lebens. Der Glaube ist eine Erscheinungsform der Liebe, und Liebe lässt sich nicht einpeitschen. Dagegen bewegt man sich, ohne dass man darum gebeten worden sein müsste, gern auf den zu, von dem man sich geliebt fühlt.

»Wenn man nicht mehr unzufrieden ist, hört man auf, Fortschritte zu machen«, schrieb der schwedische Poet Alf Henriksson seinerzeit. Das ist die eine Wahrheit, aber es gibt auch andere, zum Beispiel die, dass eine enorme Kraft zum Wachstum freigesetzt wird, wenn man aufhört, sich ständig verbessern und verändern zu wollen, und stattdessen einen Moment ruht und sich sagt: So wie es ist, ist es gut.

Dass Gott uns in dem Zustand liebt, in dem wir uns gerade befinden, das hat mich dieser Karmelitermönch gelehrt.

Das Wettergebet

Manchmal frage ich mich, wie mein Leben aussähe, wenn ich nicht die Möglichkeit zu beten entdeckt hätte. Wenn ich keinen Zugang hätte zu Seufzern, kurzen Sätzen, die sich manchmal anhören, als spräche ich nur mit mir selbst, zu Stoßgebeten, hörbaren und stillen.

Ich treffe häufig Menschen, die ihr eigenes Beten kleinreden und Dinge sagen wie: »Richtig christlich ist das wahrscheinlich nicht«, oder: »Ich gehöre ja nicht gerade zu den Frömmsten«. Beten tun nur die Frommen, ist die Annahme, die dahintersteckt. Es macht mich immer ein bisschen traurig, wenn ich diesem Missverständnis begegne, und ich fürchte, Leute wie ich könnten es in die Welt gesetzt haben, indem wir so verengt und exklusiv über das Gebet sprechen, dass das Gesagte nur auf uns selbst zutrifft. Wenn das der Fall sein sollte, bitte ich um Verzeihung.

Man muss natürlich kein gläubiger Mensch sein, um zu Gott zu beten. Das Gebet ist eher so etwas wie ein Menschenrecht. Wenn ich mir einer Sache sicher bin, dann ist es die

Annahme, dass mehr Glaube außerhalb der etablierten Kirchen zu finden ist als in ihnen und dass an vielen Ort gebetet wird, wo man es nicht vermuten würde.

Als der junge Mann im Film »Il Postino« seinen spottenden Freunden erklären soll, warum er um die schönste Frau des Dorfes mithilfe eines Gedichts von Pablo Neruda wirbt, also mit den Worten eines anderen, sagt er: »Gedichte gehören nicht dem Dichter, sie gehören dem, der sie braucht.«

Dasselbe kann man vom Gebet sagen. Das Gebet ist das größte »Pfund« der Kirche, aber es gehört ihr nicht. Das Gebet ist eine der menschlichen Kommunikationsweisen. Sie fragt nicht nach Verdiensten oder Vorkenntnissen. Und ich glaube, dass man auf tausend Weisen beten kann: mit Gesten, in Gedanken oder mit der Hände Arbeit.

Ich glaube, dass man auf tausend Weisen beten kann: mit Gesten, in Gedanken oder mit der Hände Arbeit.

Letzte Woche gab mir jemand ein Buch zurück, das ich ihm schon vor einer Weile geliehen hatte. Ich schlug es irgendwo in der Mitte auf und las ein bisschen diagonal über die Seiten hinweg. Es ist ein Buch, auf das ich immer wieder zurückkomme: Die »Brennpunkte« von Thomas Merton, einem Trappistenmönch, sind eine Auswahl von Einträgen aus seinen Tagebüchern.[4] Irgendetwas an Thomas Merton packt mich. Das »Kloster-Gen« ist es nicht, das fehlt mir völlig; damit muss man wohl geboren sein. Das religiöse Milieu, in dem ich aufgewachsen bin, ge-

4 Patrick Hart u. Jonathan Montaldo (Hg.), *The Intimate Merton: His Life from His Journals, HarperSanFrancisco, 1999.*

fällt mir auch heute noch, aber vielleicht fühle ich mich ja gerade deshalb von dem Raum angezogen, den diese Texte öffnen. Weil er so völlig anders ist und doch so bekannt.

Am 27. Februar 1963 schreibt Merton, dass seine Einsiedelei vollkommen eingeschneit ist. In Kentucky herrscht beißende Kälte. Nachdem er geschildert hat, wie wichtig es ihm ist, die Außentemperatur auf dem Thermometer abzulesen, den Himmel zu beobachten und die Windstärke festzustellen, merkt er an: »Es ist mir tatsächlich ein großes Bedürfnis, diese Dinge zu wissen, denn ich selbst bin ein Teil des Wetters, des Klimas, des Ortes. Ein Tag, an dem ich nicht bei alledem dabei war, ist kein Tag. Das alles ist sicher ein Teil meines Gebetslebens.«

Dieser letzte Satz machte mich so glücklich, dass ich beinahe angefangen hätte zu weinen. Er half mir zu begreifen, dass ich in Sachen Gebet erst ein Vorschulkind bin.

Das Atmen der Seele

»Kommt es nie vor, dass du das Beten auch mal überspringst?«, fragte sie mich, als sie verstanden hatte, dass das Gebet in meinem Leben einen zentralen Platz einnimmt.

Ich musste nicht lange nachdenken, denn ich wusste, dass die einzig aufrichtige Antwort, die ich auf ihre Frage geben konnte, »Nein« hieß. Und doch zögerte ich einen Moment, schließlich ist das Gebet eine Sache, um die man nicht viele Worte machen soll. Wenn es authentisch ist, ist es wie ein Gespräch von zwei Menschen, die nicht ohneeinander sein können, hinter geschlossenen Türen. Wenn es nicht im Verborgenen stattfände, hätte es nicht diese Wirkung.

Es ist gut, an einer Sache über eine längere Zeit dranzubleiben; dann sieht man, was sich abnutzt und was durchhält. Ich bete, seit ich ein Kind bin, und wenn nichts Dramatisches geschieht, werde ich wohl für den Rest meines Lebens allmorgendlich am Fenster unserer Küche sitzen, ins Dunkle hinaussehen, an unser Dorf denken und dafür danken, dass ich einen weiteren Tag dazugehören darf. Auch für alle Menschen danken, die unser Leben in einen weiten

Zusammenhang stellen, und die Namen von den Freunden nennen, die es gerade schwer haben und in hoffnungslosen Situationen oder angesichts von scheinbar unlösbaren Fragen nur Seufzer zu Gott schicken können.

Lebenslanges Gebet ist aber nichts Statisches. Das Gebet ist etwas Dynamisches und in ständiger Veränderung begriffen. Als ich ein Kind war, schenkte mein Abendgebet mir Sicherheit. Als ich ein junger Mann war, beanspruchte ich im Gebet offen heraus Gottes verwandelnde Kraft. Als Eltern von kleinen Kindern nahm das Gebet die Form einer wiederkehrenden, inständigen Bitte um Bewahrung und Schutz an. Außerdem ging es ständig um die vielen kleinen Dinge, die funktionieren mussten. Später, in der schwierigsten Zeit mit unseren kranken Söhnen, war es nichts anderes mehr als der unartikulierte Schrei unseres Herzens. Nach dem Tod unserer Söhne folgte Schweigen. Ein Schweigen, das oft als Gottesferne verstanden wird, und das sich doch nach einiger Zeit als die Nähe eines Gottes erwiesen hat, der schweigt und leidet. Schweigt, weil es da nichts zu sagen gibt.

In der schwierigsten Zeit mit unseren kranken Söhnen war Gebet nichts anderes mehr als der unartikulierte Schrei unseres Herzens.

Und doch setzte sich in all dieser Zeit das Gespräch zwischen Himmel und Erde fort. Mit Worten und ohne Worte. Wie eine Liebe, die durch gute wie schwere Tage tiefer wird.

»Kommt es nie vor, dass du das Beten auch mal überspringst?« Nein, das tue ich tatsächlich nie. Es wäre, als würde ich mal das Atmen überspringen. Das Gebet ist nichts, das man tut. Es ist das Atmen der Seele. Beten ist keine Anstrengung, keine Pflicht, die es zu erfüllen gilt. Es hat im Leben jedes betenden Menschen seine eigene Geschichte, und von diesen Geschichten ist keine besser oder schlechter. Sich in seinem Beten weiterzuentwickeln bedeutet deshalb nicht, »besser« zu beten oder »mehr von Herzen« oder »ehrlicher« zu beten oder es gar zu wagen, »seine Seele zu entblößen«.

Und doch und obwohl ich all das im Hinterkopf habe, frage ich mich an diesem Morgen, ob mein Gebet irgendetwas bewirkt. »Bringt es das«, im Dunklen zu sitzen und einen Namen nach dem anderen zu nennen, manche zum zehnten oder zum hundertsten Mal?

Ich glaube, ja. Und der Gedanke, dass da einige Menschen sind, die, während sie irgendwo allein sitzen, auch meinen Namen nennen, schenkt mir Ruhe. Ohne ihre Gebete säße ich nicht hier.

Wer fragt nach deiner Seele?

Vor einiger Zeit hatte ich das seltsamste Telefongespräch meines Lebens. Ich saß in meinem Arbeitszimmer, als das Telefon klingelte. Wie immer meldete ich mich mit »Sjödin«. Das wäre nicht notwendig gewesen. Am anderen Ende war nämlich ein Automat, dessen Stimme zu mir sagte: »Dies ist eine automatische Mitteilung der ...« (es folgte der Name eines Energiekonzerns). »Wir haben zurzeit keinen Sachbearbeiter, der mit Ihnen sprechen könnte. Wenn Sie nicht möchten, dass wir Sie zu einem späteren Zeitpunkt noch einmal anrufen, schicken Sie uns bitte eine Mail an folgende Adresse: ...«

Ich blieb einen Moment mit dem Telefon in der Hand sitzen und fragte mich, ob das, was ich gerade erlebt hatte, ein Telefonscherz sein sollte. Eine Maschine ruft mich an und sagt mir, dass niemand Zeit hat, mit mir zu reden. Das ist nicht lustig. Vielleicht zeigt es sogar, welche Art von Gesellschaft wir da bauen, wenn wir uns unreflektiert von technischen Möglichkeiten faszinieren lassen und dabei vergessen, dass nichts die menschliche Begegnung ersetzen kann.

Gerade in Zusammenhängen, in denen wir besonders verletzlich sind, bergen Rationalisierungen ein großes Risiko. Ein Kollege erzählte mir, wie er seinen Freund Svein durch eine schwere Krankheit bis zum Tod begleitete. Svein war Psychiater und wurde mitten im Leben selbst zum Patienten. Er begegnete seiner lebensbedrohlichen Krankheit mit großer Ruhe und Gelassenheit und zitierte immer wieder ein englisches Sprichwort, das er zu seinem Motto gemacht hatte: »The deeper the sorrow, the less voice it has.« – »Je tiefer die Trauer, desto leiser ist ihre Stimme.«

Gerade in Zusammenhängen, in denen wir besonders verletzlich sind, bergen Rationalisierungen ein großes Risiko.

Mein Kollege stellte fest, dass das zurückhaltende, nachdenkliche Wesen seines Freundes schlecht zum Krankenhausbetrieb mit seinem hohen Tempo und Streben nach größtmöglicher Effizienz passte. Die Geschäftigkeit im Krankenzimmer war einfach zu hoch im Verhältnis zu den langsamen Prozessen in Sveins innerem Erleben. Svein selbst wurde klar, dass es allein sein Körper war, um den es bei der Pflege ging. Natürlich. Das Personal war auf Behandlung, Schmerzlinderung und alle körperlichen Bedürfnisse eingestellt. »Haben Sie Hunger?« – »Sind Sie müde?« – »Haben Sie Schmerzen?« Für den Körper wurde in jeder Hinsicht gesorgt, und Svein war voller Bewunderung für den Einsatz der Pflegekräfte – trotz aller Sparmaßnahmen. Und doch stellte er sich zum Schluss eine Frage: Warum gibt es niemanden, der nach meiner Seele fragt? Warum versteht keiner, dass er sein Tempo drosseln und sich an mein Bett setzen muss, um meine innere Einsamkeit wahrzunehmen und die geistigen und geistlichen Bedürfnisse, die ich am Ende meiner Reise habe?

Diese Fragen sind bei mir hängengeblieben – nicht als Kritik an der Pflege, sondern als Anstoß für uns alle: es im Alltag zu wagen, auch Fragen zu stellen wie »Bist du unruhig?« – »Hast du Angst?«

Weil ich mich in meinem Dienst oft in Krankenhäusern und Pflegeeinrichtungen bewege, weiß ich, dass es solche Gespräche gibt, aber auch, dass die Aufgabe zu umfangreich ist, um sie nur den Profis zu überlassen. In unserer Gesellschaft wurde das Tempo so hochgeschraubt, dass man es einer Maschine überlässt, uns mitzuteilen, dass niemand Zeit hat, mit uns zu sprechen. Da können wir nicht oft genug wiederholen, dass der Mensch vor allem Zeit braucht, Raum und menschliche Nähe. Und so einander Gesellschaft leisten, wenn der Weg in eine Landschaft führt, in der wir uns alle klein und unsicher fühlen.

Neun italienische Mütterchen

An einem Herbsttag besuchte ich in Italien in einem kleinen, man könnte meinen gottverlassenen Dorf die Messe. Außer dem Priester waren nur acht oder neun ältere Frauen anwesend, und ich. Die Gemeinde nahm keine Notiz von mir, und wenn doch, dann verbarg sie das gut. Ich setzte mich still und leise in eine der hinteren Bänke, stand auf, wenn alle aufstanden, kniete, wenn alle knieten, und versuchte die Lieder mitzusingen, so gut ich es konnte. Wie es an jenem Tag in mir aussah, konnten die anderen nicht ahnen. Dass einer mit sich selbst heftige innere Kämpfe ausficht, sieht man ihm nicht unbedingt an.

Ich habe in meinem Leben schon Tausende von Gottesdiensten besucht. Und natürlich steht man in der Gefahr, als Kritiker oder Rezensent teilzunehmen, wenn man den Gottesdienst nicht selber hält. Man analysiert, vergleicht und verbessert in Gedanken. Nichts von alledem passierte in diesem italienischen Dorfkirchlein. Und die Sprachverwirrung wurde mir eher zu einer Tür als zu einer Barriere.

Ich verstand praktisch nichts von dem, was gesagt wurde,

und doch verstand ich auf eine unergründliche Weise alles. Ganz schnell spürte ich auch, was keine Worte brauchte: dass mein Leben von den Gebeten der Menschen hier getragen wurde. Dass sie für mich glaubten, dass ich die Schultern sinken lassen konnte. Hier war alles gut, so wie es war.

Ich trage die Erinnerung an diese Stunde seitdem wie etwas Heiliges mit mir und als eine meiner wichtigsten Lektionen in Sachen Glaube. Denn im Nachhinein ging mir auf, dass das, was ich dort erlebt hatte, mich zwei unentbehrliche Dinge lehren wollte. Zum einen: Man muss nicht alles verstehen. Wenn der Glaube als ein Geheimnis bezeichnet wird, heißt das nicht, dass er schwer zugänglich oder kompliziert wäre, sondern nur, dass man sich seinem Kern nicht auf dem »Hirnweg« nähern kann. Der Glaube ist keine Idee oder ein Gedanke, auch keine Lehre, der man folgt. Er ist eine Erfahrung, etwas, dem man begegnet, in das man sich mit Haut und Haaren hineinstürzt. So unbegreiflich wie eine junge Liebe.

Der Glaube ist keine Idee oder ein Gedanke, auch keine Lehre, der man folgt. Er ist eine Erfahrung, etwas, dem man begegnet, in das man sich mit Haut und Haaren hineinstürzt. So unbegreiflich wie eine junge Liebe.

Das hat nichts mit Anti-Intellektualismus zu tun. In der Kirche war im Laufe der Geschichte immer auch Platz für Menschen mit einem scharfen Verstand. Man kann über den Glauben promovieren, und doch ist er etwas, das auch einem Kind offensteht.

Zum anderen: Der Glaube ist etwas, das man gemeinsam tut. Im Zeitalter des Individualismus wird der Glaube leicht zu einer Privatangelegenheit, etwas, bei dem es vor allem um ich und mich geht. Aber der Glaube ist nicht der Weg eines Solisten; es gehört zu seinem Wesen, dass er den anderen sucht, dass er dazugehören will.

»Es fällt mir so schwer, an Gott zu glauben, aber es gibt eine Menge kluger Leute, die es tun, und das hilft mir«, schrieb mir ein junger Mann in einem Brief.

Ist das naiv? Oder ein Ausdruck von Reife? Ich meine, es ist etwas, das auch am Ende der Überlegungen eines ganzen Lebens stehen kann: Wir sind des anderen Glaube. Wir glauben füreinander. Das haben mich die neun italienischen Mütterchen gelehrt. Und dafür werde ich ihnen immer den größten Respekt zollen.

Traumhaus und Trauerhaus

»Kann man nicht auch etwas aufbauen? Muss man da immer nur zerstören?«, fragte die Mutter, die sich für das Computerspiel ihrer Tochter zu interessieren versuchte. Sie gab sich wirklich Mühe zu verstehen, worum es auf dem Bildschirm ging.

Die Tochter, die vielleicht acht oder neun Jahre alt war, ließ ihre Mutter eine Weile fragen. Sie sammelte offenbar die beunruhigten Fragen, um sie dann in einem einzigen Aufwasch zu beantworten. Ohne vom Bildschirm aufzusehen, sagte sie schließlich: »Es geht nicht darum, etwas aufzubauen. Es geht darum, zu überleben!«

Damit war die Diskussion beendet. Die Mutter wandte sich wieder ihrem Buch zu, und die Tochter warf weiter Bomben. Wer überleben will, darf nicht müßig sein.

Ich bekam dieses kurze Gespräch zwangsläufig mit, als ich in der letzten Woche in drangvoller Enge in einem Zugabteil saß, und mir hat vieles daran gefallen: der Wille der Mutter, die Tochter zu verstehen, die vernunftbestimmte Haltung der Tochter (bekanntlich kann man nicht über existenzielle Fragen sprechen, wenn man vor einem Computer sitzt), und die Ernsthaftigkeit des Gesprächs. Ich konnte nicht anders, als mein Notizbuch herauszunehmen und aufzuschreiben: *Aufbauen oder überleben?*

Ich glaube, dass man gut daran tut, ab und zu das Ganze in den Blick zu nehmen, um sich die Unbeständigkeit des eigenen Lebens wie die aller Dinge klarzumachen und sie vor allem in Relation zur Sichtweise unseres Glaubens zu sehen, der beharrlich behauptet, das Leben sei ewig und wir würden überleben.

Wem es geschenkt ist, schon eine Weile auf der Welt zu sein, ist Menschen in ganz verschiedenen Phasen ihres Lebens begegnet, vom Aufbau bis zum Niedergang. Vielleicht ist das Leben in den Phasen des Aufbaus am intensivsten, in Zeiten, wenn das meiste, das einen umgibt, im Wachsen begriffen ist: die Familie, das Netzwerk, die Verantwortung. Man zieht in ein größeres Haus und baut noch einen Schuppen, um weiteren Platz zu gewinnen.

Die Sache hat nur einen unangenehmen kleinen Haken: Wenn man so richtig im Schwung ist, findet man schwer ein Ende. Man muss nur noch eine kleine Terrasse anbauen. Und vielleicht noch eine zweite. Ich gebe gerne zu, dass ich zu den Menschen gehöre, die lange so gelebt haben, und dass ich mich genau deshalb von den Worten des Mädchens im Zug so getroffen, ja, geradezu entlarvt gefühlt habe: »Es geht nicht darum, etwas aufzubauen. Es geht darum, zu überleben!« Das waren ihre Worte. Es mag resigniert klingen, aber früher oder später kommt das Aufbauen an seine Grenze. Im großen Haus hallen die Stimmen wider, aus dem Traumhaus wird ein Trauerhaus. Ich will damit nicht sagen, dass man angesichts dieser Aussicht sein Leben lieber gleich in einer kleinen Ecke verbringen soll. Das würde die Freude dämpfen. Aber ich glaube, dass man gut daran tut, ab und zu das Ganze in den Blick zu nehmen, um sich die Unbeständigkeit des eigenen Lebens wie die aller Dinge klarzumachen und sie vor allem in Relation zur Sichtweise unseres Glaubens zu sehen, der beharrlich behauptet, das Leben sei ewig und wir würden überleben.

Jemand fragte mich, ob ich Angst vor dem Tod hätte, und ich hörte mich selbst antworten, dass ich davor Angst hätte, der Tod könnte mir einen der Menschen, die ich am meisten liebe, wegnehmen, aber meinen eigenen Tod nicht fürchten würde. »Den könnte ich überleben«, sagte ich. Es war eine unfreiwillige Pointe, aber aus der Perspektive des Glaubens könnte mein Versprecher die Wahrheit ausgedrückt haben.

Thomas Mertons Auge

In der südöstlichen Ecke meines Arbeitszimmers steht ein viel zu kleines Sofa. Dieses Möbelstück ist der schlechteste Spontankauf unseres Lebens, und wir können ihn uns nur dadurch erklären, dass es einfach zu schnell ging. Und dass es in Borås geschah, dem Eldorado der schwedischen Schnäppchenjäger.

Das Sofa, das im Schaufenster sehr hübsch ausgesehen hatte, verwandelte sich in unserem großen Haus innerhalb eines einzigen Augenblicks von hübsch zu albern. Seitdem tourte es einige Jahre durchs Haus und stand mal hier und mal dort, bis es seinen Platz zur Endlagerung in dem Raum fand, in dem man von mir erwartet, dass ich dort arbeite. Als ich zufällig einmal ein Nickerchen auf diesem Sofa machte, entdeckte ich, dass ein Buch ganz am Rand des Regals, die »Brennpunkte« von Thomas Merton, dort so hingeraten war, dass man nur noch Mertons rechtes Auge sah – das war das Einzige, was die bogenförmige Buchstütze nicht verdeckte.

Thomas Merton ist der bekannteste Trappistenmönch der Welt, und in meiner Welt ist er der disziplinierteste, hingebungsvollste und vor allem der menschlichste aller geistlichen Hünen. Er starb mit 53 Jahren; seine Tagebücher sind in mehreren Bänden erschienen und umfassen knapp 2000 Seiten. Ich lese mich nach und nach durch sie hindurch. Das braucht seine Zeit. Die Lektüre wirkt wie eine Art spirituelle Schmierflüssigkeit.

Das Leben, das man führen möchte, ertrinkt in dem Leben, zu dem man sich gezwungen sieht, und meines Erachtens gibt es nur einen Weg zurück: regelmäßige Momente der Stille und des Nachdenkens.

Immer wenn ich es mir mit einem Fußschemel und Kissen in der Sofaecke gemütlich mache, um zu lesen oder zu ruhen, begegnet mir dieser Blick. Thomas Mertons Auge. Man sollte meinen, dass ein Mann, der sich den härtesten Regeln geistlicher Disziplin unterworfen hatte, einen strengen oder fordernden Blick hatte. Wenn das so wäre, hätte ich die Bücher im Regal längst umgestellt. Sein Blick wirkt zwar tatsächlich hart, aber auch überaus verständnisvoll.

Manchmal spreche ich mit Merton und erzähle ihm, wie »strubbelig« und oberflächlich mein Leben im Vergleich zu seinem ist. Dann lacht er. Aber er sagt nichts, er schaut mich nur mit seinem milden Blick an.

Am 20. Juni 1966 schreibt er in sein Tagebuch, wie leicht es ist, sich in die bewegte Menge zu werfen und ein Teil des Verkehrs zu werden, der ohne Ziel oder mit vorgeschobenen Zielen unterwegs ist. »Das aktive Leben kann gleichzeitig das passivste Leben sein; man wird ganz einfach mitgezogen, getragen, herumgeworfen, fortbewegt«, schreibt er.

Seit dies geschrieben wurde, sind mehr als vierzig Jahre vergangen, aber wenn unser Blick sich an diesem Morgen trifft, dann weiß ich, dass wir viele sind, die genau an diesem Punkt auch heute kämpfen: Kontakte, Meinungen, Probleme, Forderungen und Bedürfnisse sind zu einer Flut angewachsen, die so schnell steigt, dass man nichts anderes schafft, als auf das Allerdringlichste zu reagieren, um nicht ganz unterzugehen. Weitsicht und Orientierung gehen in den tausend Kleinigkeiten unter. Das Leben, das man führen möchte, ertrinkt in dem Leben, zu dem man sich gezwungen sieht, und meines Erachtens gibt es nur einen Weg zurück: regelmäßige Momente der Stille und des Nachdenkens.

Ich lege mein Buch zur Seite, schließe die Augen und suche den Blick, von dem ich weiß, das Thomas Merton ihn täglich suchte. Und fand.

Das Wichtige flüstern

Ich bin in einem religiösen Milieu aufgewachsen, in dem mit lauter Stimme gesprochen wurde. Wenn man etwas Wichtiges sagen wollte, wurde man lauter. Wenn es um Leben oder Tod ging, schrie man. Natürlich taten das nicht alle, aber viele. Ich glaube nicht, dass ich aufgrund der häufigen Lautstärke einen Schaden davongetragen habe, aber ich bin dennoch froh, dass die Stimmlage im Laufe der Jahre erheblich herunterreguliert wurde.

Rufen hat mit Abstand zu tun, Flüstern drückt Nähe aus – und schafft Nähe. Wenn man etwas Wichtiges zu sagen hat, ist es wirksamer, die Stimme zu senken, als lauter zu werden, und wenn wir über die wirklich entscheidenden Fragen sprechen, solche im Grenzland zwischen Leben und Tod, dann bleibt eigentlich nur das Flüstern.

Manchmal bekomme ich Briefe von Menschen, die mich von irgendetwas überzeugen wollen. Sie meinen, dass ich stärker an Dinge glauben müsste, für die sie selbst brennen, oder dass ich deutlicher, besser oder radikaler werden müsste. Sicherlich haben sie in irgendeiner Hinsicht recht, und es sind eigentlich auch gar nicht ihre Überzeugungen, mit denen ich meine Schwierigkeiten habe, sondern die Stimmlage in ihren Briefen. Den meisten Propagandabriefen, die sie verfassen, ist nämlich gemeinsam, dass eine auffallend große Schrift gewählt wurde, dass Textabschnitte gleichzeitig kursiv und fett herausgehoben sind, und manchmal sind ganze Teile des Briefs außerdem mit einem Textmarker farbig hervorgehoben. Nur selten gibt es irgendwo auf dem Briefbogen noch ein unbeschriebenes Eckchen. Jeder Zentimeter wurde genutzt.

Ich lese solche Briefe nicht. Ich will mit Menschen in normaler Zimmerlautstärke kommunizieren.

Flüstern ist die Sprache der Liebe und der Geheimnisse, und wenn ich dieses uralte Buch lese, scheint es mir, dass der Glaube auch in diese Kategorien gehört.

Besonders wichtig ist die Stimmlage, wenn es im Gespräch um den Glauben geht. Eins der heikelsten Gespräche, von denen die Bibel berichtet, ist das zwischen Jesus und Nikodemus. Es findet in der Nacht statt, während alle anderen schlafen, und ich habe den Eindruck, dass dieser Umstand nicht zufällig ist und dass das Gespräch an der Grenze zum Flüstern vonstatten ging. Flüstern ist die Sprache der Liebe und der Geheimnisse, und wenn ich dieses uralte Buch lese, scheint es mir, dass der Glaube auch in diese Kategorien gehört. Abseits der polternden TV-Debatten wächst in unserer Gesellschaft gerade das Gespräch über den Glauben. Das geht im allgemeinen Lärm leicht unter, aber es ist da, und der einzige Weg, es wahrzunehmen, ist, einander ganz, ganz nah zu kommen.

Einer meiner stärksten geistlichen Eindrücke hat genau damit zu tun. Ich war zu einer längeren Einkehrzeit im französischen Trosly, dem merkwürdigsten Dorf, in dem ich je war. Es ist die Heimat einer Kommunität, deren Mitglieder zu mehr als der Hälfte Menschen mit Entwicklungsstörungen sind. Jeden Abend feierten wir zusammen die Messe, und am Tag lauschten wir dem Gründer der Kommunität, dem damals schon hochbetagten Jean Vanier. Sein Thema hieß »Friede«. Er sprach bedächtig und leise, und wenn er etwas gesagt hatte, legte er eine Weile seine Hand auf den Mund, so als wollte er all die Worte, die eventuell noch heraussprudeln könnten, davon abhalten. Ich habe kaum je eine kraftvollere Art der Rede gehört, so zurückhaltend und so gar nicht manipulierend. Ich weiß nicht mehr genau, was Vanier sagte, aber ich erinnere mich, dass er alles Wichtige flüsterte, mit den Fingern als Wacht nah am Mund, und dass der Raum von Liebe, Hoffnung und Glaube vibrierte.

Gegen alle Wahrscheinlichkeit

Nach Jahren, in denen jeder mit seinen eigenen Dingen beschäftigt war, haben wir uns letzte Woche wiedergesehen, mein alter Freund Odd und ich. Wir trafen uns zwischen hohen Bergen in der norwegischen Telemark. Odd und seine Familie waren von Bodö angereist, wo Odd als Pfarrer der norwegischen Kirche tätig ist. Wir stellten fest, dass die Jahre ins Land gegangen waren. Odd ist ungefähr so, wie sein kurzer, kräftiger Name es vermuten lässt: klein, schnell, intensiv, sehnig und unverschämt durchtrainiert. Er ist ein Gute-Laune-Paket und dabei ein Mensch, der lange in fast kompletter Dunkelheit gewandert ist. Er gehört zu denen, die wissen, wie schwer es manchmal ist, weiterzuleben, und doch lächelt er. Den größten Eindruck auf mich machte allerdings all die Jahre sein warmer und inniger Glaube. Er lebt wirklich den Ausdruck *mot alla odds*, wie es auf Schwedisch heißt – gegen alle Wahrscheinlichkeit, wenn das Wortspiel erlaubt ist.

Den ersten Kontakt hatten wir, als Odd mir in einem Brief erzählte, dass er und seine Frau zwei ihrer drei Kinder verloren hatten, und dabei schilderte, wie ihnen alle glänzenden Vorstellungen vom Leben und von Gott »zu grauem Kies zermalmt wurden«. Er schrieb, dass alles zu Bruch gehen kann, »das Leben eines Kindes, ein Zusammenleben, ein Gottesbild, ein Selbstbild«. Dass Hiobs Worte zu seinen eigenen wurden: »Ich hoffte auf Licht, und es kam Finsternis« (Hiob 30,26). Dass an dem Tag, an dem sie ihr zweites Kind verloren, auch in ihm etwas starb: der selbstverständliche, ungeprüfte und unreflektierte Glaube. Sein Leben wurde wie die tiefe Senke zwischen den hohen Bergen, in denen wir uns nun trafen, ein Tal der Tränen, in biblischer Sprache ausgedrückt.

Der Glaube wächst an der Wirklichkeit.

Aber seine Geschichte, die ich mit seiner Erlaubnis erzählen darf, endet nicht hier. Odd nahm seine Zweifel ernst, brach mit seinem Glauben und seinem Gott, und aus dem Zweifel wuchs etwas Tieferes und Wahrhaftigeres. Ein Glaube, der stärker war als sein eigener.

Das ist nicht erstaunlich. Der Glaube wächst an der Wirklichkeit. Und der Zweifel, so anstrengend er auch sein mag, ist der Sparringpartner des Glaubens, ein zweischneidiges Schwert, das zur Verzweiflung führen kann – auch das muss gesagt werden. Der Zweifel kann aber auch zu einem Rammbock werden, der die Vereinfachung durchbricht, die der Konfrontation mit der Wirklichkeit ohnehin nie standhält. Es bleiben Fragen. Auf viele von ihnen wird es nie eine klare Antwort geben, aber sie können angesichts einer neuen Art von Gewissheit verblassen. Eine Gewissheit, die man »Glaubensruhe« nennen könnte. Ich gehöre zu denen, die glauben, dass diese Ruhe sich nach dem Kampf einstellt.

Glauben zu können ist im Leben nicht nur eine große Ressource, es ist auch – wie jede Liebe – mit einem gewissen Maß an Leiden verknüpft. Einem Leiden, das mit Wahrheit zu tun hat. Ein realistischer Glaube hält deshalb an der Zweideutigkeit unseres Daseins fest, überlässt sich aber gleichzeitig dem Vertrauen, und er erwartet alles Gute von Gott. Es spornt einen an, wenn man Menschen begegnet, die vor dem Zweifel nicht davonrennen und die durch ihren Kampf eine neue Einfachheit gewonnen haben. Ihr Leben atmet Hoffnung.

Als alles am finstersten war, sagte ein Freund zu Odd und seiner Familie: »Auch wenn Gott weg ist, wir sind noch für euch da.« Vielleicht bewirkte diese Nähe, dass der Kampf auszuhalten war? Dass Vertrauen möglich wurde? Gegen alle Widrigkeiten.

Im geistlichen Fitnessraum

Ich war bei einem alten Freund zu Besuch, und wir tranken Kaffee. Nachdem wir eine Weile in den tiefen Sesseln seines Lesezimmers verbracht hatten, umgeben von Bücherstapeln und von den Bildern seines Lebens, die an den Wänden hingen, fragte ich ihn, wie es ihm gelungen sei, in so guter Form zu bleiben. Mein Freund geht nämlich, das muss man wissen, auf die Achtzig zu.

»Habe ich dir nie meinen geistlichen Fitnessraum gezeigt?«, fragte er mich, und es klang gleichzeitig wie eine Antwort und auch, als sei solch ein Raum das Selbstverständlichste von der Welt. Nachdem ich erklärt hatte, dass ich noch nicht einmal wisse, was ein geistlicher Fitnessraum sei, erzählte er mir, dass es im Anbau ihres Reihenhauses eine Sauna gab, die sie aber nur sehr selten benutzten. Bis zum dem Tag, als er sich hinsetzte und darüber nachdachte, ob es nicht möglich wäre, das körperliche Training mit dem zu kombinieren, was man gemeinhin geistliche Disziplin nennt.

Wir erhoben uns aus unseren Sesseln und schritten zur

Besichtigung. Eine der Saunabänke war entfernt worden, und auf dem frei gewordenen Platz stand ein alter Heimtrainer. An der Wand vor dem Fahrrad hing ein Regal, auf dem eine schräg gestellte, aufgeschlagene Bibel stand, eine Kerze und ein Christusbild. Mein Freund kletterte auf den Heimtrainer und führte mir vor, wie das Ganze funktionierte.

Mit dieser Vorführung war meine Frage nach seiner Fitness beantwortet. Er verdankte sie, nicht überraschend, dem Training, genauer: einem gleichzeitigen Training von Körper und Seele.

Auf dem Heimweg lächelte ich vor mich hin und freute mich, dass er mir eine nette kleine Anekdote zu erzählen gegeben hatte. Doch je mehr ich darüber nachdenke, desto klüger erscheint mir seine Einrichtung. In der frühen Christenheit betrachtete man es als selbstverständlich, dass auch das geistliche Leben Übung braucht, um sich zu entwickeln. Die Experimentierfreude war groß. Wer Gott in seinem Leben mehr Raum geben wollte, konnte ganz verschiedene Ratschläge hören: Geh für einige Monate in die Wüste! Setz dich auf eine Säule! Bau dir ein Baumhaus! Tanze, studiere, faste oder versuche mal, den Mund geschlossen zu halten. All

An der Wand vor dem Fahrrad hing ein Regal, auf dem eine schräg gestellte, aufgeschlagene Bibel stand, eine Kerze und ein Christusbild. Mein Freund kletterte auf den Heimtrainer und führte mir vor, wie das Ganze funktionierte.

diese Experimente hatten ein Ziel: zu beobachten, welche Bedeutung diese Dinge für das Leben und die Beziehung zu Gott haben könnten. Ich habe die Askese, der sich zum Beispiel die Wüstenväter und Wüstenmütter unterzogen, immer als Zeichen der Selbstverachtung betrachtet und war der Auffassung, Gemeinschaft mit Gott müsse sehr viel einfacher zu haben sein. Aber vielleicht ging es bei den körperlichen Übungen ja gar nicht so sehr um Buße als um Training? Sie trainierten für einen Preis, der die Anstrengung wert war.

Seine Gedanken und sein Herz einen Moment lang auf Gott auszurichten, bevor der Arbeitstag richtig losgeht, als das Letzte, was man tut, bevor man einschläft, oder auf dem Fahrrad, unterwegs zur Arbeit, das kann auf lange Sicht wichtiger sein, als man zunächst meint. Auf die Länge kommt es dabei nicht an, es ist die Regelmäßigkeit, die guttut. Sogar wenn man nicht glaubt, kann man beten. Es gibt viele, die bezeugen können, dass der Glaube genau so zu ihnen kam: mit dem Einatmen nach einem zweifelnden Stoßgebet.

An einer besseren Stelle

Es ist, als käme der Tod immer einen Tag zu früh. Natürlich wissen wir nur zu gut, dass wir einander früher oder später loslassen müssen. Aber nicht heute. Wenn schon, dann morgen, aber um Gottes Willen nicht heute. Das wäre viel zu früh.

So gut wie jede Woche begleite ich eine Familie auf ihrem schweren Weg zum Trauergottesdienst für einen Menschen, der in ihrem Leben unersetzlich war. Neue Menschen treten in unser Leben, vielleicht eine neue Liebe, die nicht schlechter sein muss als die alte, aber der Mensch, von dem wir uns trennen müssen, kann niemals durch einen anderen ersetzt werden. Er war einmalig, und es wird keine zweite Auflage geben. Wie schwer diese erste Zeit ist! Dabei ist sie nach meiner Erfahrung noch nicht die schwerste. Ich selbst habe »die Zeit nach der ersten Zeit« als die härteste empfunden. Das Leben um einen her hat zu etwas zurückgefunden, das wie Alltag aussieht, während das Unfassbare im eigenen Leben gerade erst beginnt, wirklich zu werden. Ein Erwachen, das etwas Unheimliches hat. Tage und Nächte in doppelter Einsamkeit.

In der letzten Woche bin ich mit meinem norwegischen Kollegen Per Arne Dahl und seinem neuesten Buch zu Veranstaltungen durchs Land gereist. In diesem Buch geht es um Trauerarbeit und die verschiedenen Quellen der Hoffnung. Laut Programm sprachen wir drei Abende in Folge immer über genau dasselbe. In Wirklichkeit nahm das Gespräch auf der Bühne jedes Mal eine andere Wendung. Es ist gut, über dieselbe Sache mehrmals zu sprechen. Ein Gespräch kann man nicht wiederholen, man kann es nur fortsetzen. Ich hörte mich selbst Dinge sagen, von denen ich nicht wusste, dass ich sie in mir trug, und es gibt Gedanken, die reifen, wenn man sie ruhen lässt, um sie später wiederaufzugreifen. Für mich näherte sich jeder Abend seinem Höhepunkt, wenn wir bei diesem Satz aus Dahls Buch ankamen: »Trauerarbeit macht es möglich, vom erlittenen Verlust so lange zu erzählen, bis er sich an einer besseren Stelle zur Ruhe legen kann.«

Der Mensch, von dem wir uns trennen müssen, kann niemals durch einen anderen ersetzt werden. Er war einmalig, und es wird keine zweite Auflage geben.

Ich weiß gar nicht genau, was an diesen zwei Zeilen mich so tief berührte. Vielleicht, dass da jemand etwas in Worte gefasst hatte, was ich schon lange fühlte, ohne es ausdrücken zu können. Der Verlust ist nicht überwunden, wenn das Leben sich nach einem schmerzlichen Abschied endlich wieder aufzuhellen beginnt, aber die rastlose Jagd nach einem inneren Raum für diesen Verlust ist vorüber. Der Verlust hat sich zur Ruhe gelegt, er liegt dort und atmet schwer nach einem Kampf auf Leben und Tod.

Auf dem Weg dorthin braucht man nicht in erster Linie professionelle Hilfe, sondern Menschen, die einem zuhören, und das auch mehr als einmal. Die Regel, die wir daraus für unseren Alltag ableiten können, ist ganz einfach: Höre nie auf, die Menschen in deiner Umgebung, die jemanden verloren haben, zu fragen, wie es ihnen geht. Frag weiter, auch wenn schon ein Jahr oder mehr vergangen ist.

Bei jedem Gespräch dieser Art verrichten wir gemeinsam eine Arbeit, die buchstäblich Blut, Schweiß und Tränen kostet, aber letztlich ist sie es, die den weiteren Weg möglich macht. Erst im Nachhinein wird deutlich, was in den Stunden dieser Gespräche geschah: Da wurde ein Nest gebaut für den erschöpften und vor Schreck erstarrten Vogel, der einfach nicht mehr fliegen konnte. Und dann ist es, als wenn wir uns dem Verlust zuwenden, unsere offenen Hände ausstrecken und sagen würden: Hier kannst du dich hinlegen. Wir müssen noch ein Stück weitergehen.

Etwas Weites in mir

Ich bin mein ganzes Leben lang zur Kirche gegangen, und wenn nichts Unvorhersehbares eintreffen sollte, so werde ich das wohl auch in Zukunft tun. Meine Eltern haben mich schon als Kind zur Filadelfia-Gemeinde in Kramfors getragen, und fortan habe ich versucht, jeden Sonntag zur Kirche zu gehen, durch alle Lebensabschnitte hindurch. Wenn ich es eines Tages nicht mehr aus eigener Kraft dorthin schaffen sollte, dann hoffe ich, dass irgendeine freundliche Seele mir hilft. Denn in die Kirche will ich.

Man kann sich fragen, warum. Weil es dort immer so gut ist? Weil man immer so seelisch erhoben von dannen geht? Natürlich nicht. Die Qualität der Gottesdienste zeigt starke Schwankungen, wenn man es objektiv betrachtet – genau wie das eigene Vermögen, wirklich anwesend und offen zu sein. Es gibt da etwas anderes, das mich dorthin zieht. Etwas, das eher der Liebe gleicht. Ich fühle mich immer mehr und tiefer mit Katholiken verwandt, mit Orthodoxen, Lutheranern, Baptisten und was weiß ich, wie sie alle heißen, die zu ein und demselben Gott beten. Fast überall auf dieser Welt findet man ein kleines Haus mit einem Kreuz darauf, und wenn man hineingefunden hat, begegnet man irgendeiner Sache, die man kennt. Trotz aller Variationen und Unterschiede. Manchmal denke ich: Selbst wenn Gott mit alledem nichts zu tun hätte, wäre das schon ein hoher Wert an sich. Allerdings glaube ich, dass Gott etwas damit zu tun hat. Bei diesem Gedanken wird man klein wie ein Senfkorn. Und sehr froh.

Aber nicht alles, was mir in der Kirche begegnet, macht mich froh. Und doch gehe ich hin. Manches versuche ich zu verändern, mit anderem schließe ich meinen Frieden. Genau wie ich es mit mir selbst auch mache. Und mit jedem Jahr, das vergeht, entdecke ich mehr, wie wertvoll es ist, Gewohnheiten zu haben, die man nicht ständig hinterfragt. (Habe ich heute Lust dazu oder nicht?) Es ist eine Art Vertrag oder Verpflichtung, vor allem gegenüber sich selbst, der lebenslang läuft, ganz einfach.

Mit jedem Jahr, das vergeht, entdecke ich mehr, wie wertvoll es ist, Gewohnheiten zu haben, die man nicht ständig hinterfragt.

Im Radio hörte ich eine Frau, die davon erzählte, dass sie an einer Art religiösem Ritual teilgenommen hatte. Sie beschrieb ihr Erlebnis mit den Worten: »Das Ritual berührte etwas Weites in mir.« Eine schöne Beschreibung, aber auch ein Hinweis auf die Bedeutung guter Routine. Eine feste Ordnung, so schlicht, wie sie auch sein mag, kann zu einer Form werden, die sich manchmal zu etwas unerwartet Großem öffnet. Nichts gegen das Neue, aber das Gewohnte hat eine andere Qualität. »Die Wiederholung ist eine geliebte Gattin, deren man nie müde wird. Denn es ist nur das Neue, dessen man überdrüssig wird, nie das Alte«, schrieb Sören Kierkegaard.

Im vergangenen Frühjahr sah ich mehrfach die Ankündigung eines Vortrags unter der Überschrift »Verändere deine Gedanken, dann veränderst du dein Leben«. Ich bereue, nicht hingegangen zu sein; sicher hätte ich eine Menge guter Ratschläge bekommen. Gleichzeitig weiß ich, wie oft ich schon versucht habe, meine Gedanken zu verändern, nur um dann zu entdecken, wie schnell sie wieder in die ausgefahrene Spur geraten. Deshalb glaube ich an die Umkehrung des Satzes: Verändere dein Leben, dann veränderst du deine Gedanken.

Erst wenn man etwas tut, versteht man, warum man es tatsächlich tun sollte.

Weinen tut man, wenn man nach Hause kommt

In der vergangenen Woche ist mir etwas passiert, auf das ich überhaupt nicht vorbereitet war. Und jetzt beobachte ich mich dabei, wie ich Freunden und Kollegen davon erzähle als von einer großen und wichtigen Sache.

Ich saß unter Tausenden von Menschen und lauschte dem Vortrag eines amerikanischen Theologen. Er kam von einer Universität, gegen die ich Vorurteile hege, und meine Erwartungen an seinen Vortrag waren dementsprechend gering. Vorurteile haben ja selten etwas mit der Wirklichkeit zu tun und sagen oft nur etwas über den aus, der sie pflegt. Ich habe vergessen, was eigentlich das Thema seines Vortrags sein sollte, aber ich kann nicht vergessen, was dieser Mann sagte. Er ließ das angekündigte Thema nämlich beiseite und sprach über Gebrochenheit. Über geistliche und menschliche Reife, die nicht von Erfolg zu Erfolg schreitet, sondern den Weg einschlägt, der durch Verwundungen und Tiefschläge führt. Er sprach über das Paradox der Stärke, die in der Gebrochenheit liegt. Was er zu sagen hatte, war so durchlebt und durchleuchtet, dass es unmöglich war, sich dagegen zu wehren. Es dauerte nicht lange, da war mein innerer Panzer aufgebrochen und die Tränen flossen. Es war nicht Traurigkeit, die mich weinen ließ, ich fühlte mich eher erleichtert und froh. Ich weinte wie ein Kind, das sich wehgetan hat und erst zu weinen beginnt, wenn es den langen Weg nach Hause gelaufen ist und Mama oder Papa erreicht hat. Dann erst fließen die Tränen, in einer Umgebung, so sicher und vertraut, dass es nicht mehr nötig ist, die Zähne zusammenzubeißen und tapfer zu sein.

Deshalb komme ich in meinem Glauben, Beten und Denken immer wieder zu Jesus zurück. Er ist der einzige Gott, der weint.

Weinen tut man, wenn man nach Hause kommt. Weinen ist sicher auch eine Sprache der Trauer, und manchmal weint man, wenn die Freude sich nicht mehr in Lächeln und Lachen ausdrücken kann. Aber Tränen drücken auch aus, dass man einen Ort hat, an den man kommen kann, dass es jemanden gibt, der einen kennt.

Deshalb also weinte ich in der Stockholmer Menschenmenge. Da redete einer so vom Glauben, dass mein ganzes »strubbeliges« Leben da hineinpasste. Bei Beerdigungen wird oft ein Lied von Andres Frostenson gesungen, dessen erste Zeile lautet: »Weinend werde ich niederfallen, an einer Küste, die ich nie gesehen habe.« Plötzlich bekam dieser alte Text eine neue und tiefere Bedeutung. Weinen tut man, wenn man nach Hause kommt.

Ich bin im Laufe der Jahre schon vielen faszinierenden und

imponierenden Menschen begegnet, aber wirklich im Gedächtnis behalten und jederzeit abrufbar habe ich nur die Gesichter der Menschen, deren Tränen ich sehen durfte. Ich glaube, genau das ist auch der Grund, warum ich in meinem Glauben, Beten und Denken immer wieder zu Jesus zurückkomme. Er ist der einzige Gott, der weint.

Eine der schönsten und vielleicht wichtigsten Geschichten von Jesus ist die, die davon erzählt, wie er von einem Berg aus auf Jerusalem schaut und über der Stadt weint. Ich halte mich an den Gott, der weint, wenn er aus der Höhe kommt und sich auf unser gebrochenes Dasein zubewegt.

Götter mit trockenen Augen sagen mir nichts.

Freuet euch, freuet euch!

Jedes Jahr, einige Wochen bevor der Advent beginnt, meldet sich eine Dame bei uns in der Kirche und fragt nach, ob wir auch nicht vergessen werden, »Freuet euch, freuet euch« zu singen. Sie meint das Lied »Dein König kommt, o Zion«, einen Hymnus, der ihrer Ansicht nach an keinem ersten Advent fehlen darf. Während ich das hier schreibe, weiß ich noch nicht, ob ihr Wunsch in Erfüllung gehen wird. An diesem besonderen Sonntag konkurrieren eine ganze Reihe von Chorälen darum, gesungen zu werden.

Ich habe in dieser Woche viel über Freude nachgedacht, obwohl oder gerade weil ich in der Storgatan, einer der Göteborger Hauptstraßen, in einem Aufzug feststeckte. Es war übrigens das zweite Mal, dass ich zwischen den Ebenen des Treppenhauses hängenblieb, und in beiden Fällen war die Freude schuld. Beim ersten Mal sang ich leise vor mich hin und führte dabei versehentlich zu starke schwingende Bewegungen aus. Der Aufzug blieb ruckartig stehen und ging dann zum Notfall-Absenken über. Es dauerte eine halbe Ewigkeit.

Seitdem sind viele Jahre vergangen – Jahre, in denen es in meinem Leben wahrlich so manches Auf und Ab gab –, und am Dienstag ist es dann wieder passiert. Diesmal *dachte* ich lediglich an eine lustige Sache. Sie war so lustig, dass ich vor mich hin lachte, und offensichtlich vibrierte mein Körper dabei eine Idee zu stark. Wieder stoppte der Aufzug mit einem Ruck. Zwischen Ebene 1 und Ebene 2 blieb er stehen, und ein Kollege musste die Aufzugsfirma rufen. Gestern wurde mir mitgeteilt, der Sensor des Aufzugs sei jetzt auf eine geringere Empfindlichkeit eingestellt worden.

Ich erinnere mich an ein Schild, das ich einmal in einem Aufzug gesehen habe: »Max. 3 Personen oder 500 kg«. In den Aufzug in der Storgatan könnte man das Schild hängen: »Freuet euch nicht zu sehr!«

Es hat keinen Sinn, sich zur Freude zu zwingen. Das Glück ist ein Nebenprodukt. Es stellt sich als Folge anderer Entscheidungen ein.

Apropos kleine Ursache, große Wirkung: Menschen, die allzu fröhlich sind, haben etwas Provozierendes. Man reagiert auf sie zuweilen wie der Aufzug: Man schaltet ab. Wenn man selbst gerade nicht in guter Form ist, kann ein trällernder Mitmensch einen richtiggehend quälen. Der Grund für diese Reaktion ist nicht unbedingt Missgunst, es kann genauso gut Einsamkeit sein, ein Gefühl der Verlassenheit, das sich erst in der Begegnung mit dem Glück einstellt, das einem selbst fehlt. Wirklich unerträglich wird es, wenn die Glücklichen davon ausgehen, ihre Umgebung sei genauso quietschvergnügt wie sie selbst.

Wenn man sich nur entscheiden müsste, fröhlich statt traurig zu sein, dann wäre die Wahl ja leicht, aber es hat keinen Sinn, sich zur Freude zu zwingen. Das Glück ist ein Nebenprodukt. Es stellt sich als Folge anderer Entscheidungen ein. Vielleicht kann man sogar sagen: Glücklich wird man, während man sich dem Glück anderer Leute widmet. Oder noch einfacher: Versuche glücklich zu werden, und du wirst enttäuscht. Versuche der Einsamkeit deiner Mitmenschen zu begegnen, ihrem Kampf und ihrer Trauer, und dein eigenes Leben wird bedeutungsvoller. Vielleicht verändert es sich sogar so, dass du es glücklich nennen könntest.

Und das ist es wohl eigentlich, was das Lied sagen möchte, jenes Lied, das wir eventuell am ersten Advent singen werden: Geh auf das Leben zu, dann kann es sein, dass dir die Freude unterwegs begegnet.

Gottes Angst

Mit der Post kommt immer allerhand Lustiges, Aufmunterndes oder auch Seltsames bei uns an. Vor einigen Wochen erreichte uns ein Buch oder eher ein kleines Heft – ohne Absender. Nichts auf dem Umschlag, kein Brief dabei, keine Karte. Aber auf dem Vorsatzpapier des Buchs stand: *für Tomas und Lotta*. Sonst nichts. Eine Ecke dieser Seite war abgeschnitten; ich vermute, dass dort der Name des Eigentümers gestanden hatte. Normalerweise werfe ich alles erbarmungslos weg, was keinen Absender hat, aber diesmal tat ich es nicht. Dass der Absender anonym bleiben wollte, schien mir hier eher für Armut als für Feigheit zu stehen. Man sah es an den vielen Unterstreichungen im Text, die ein eigenes Muster, eine eigene Geschichte bildeten. Ich begriff, dass dieses Buch uns von einem Menschen geschickt worden war, der wusste, was Angst ist.

Der kurze, 1973 verfasste Text von Olof Hartmann, um den es sich hier handelte, nimmt uns mit nach Gethsemane. Hartmann schreibt, dass die Angst, die dort spürbar war, nicht nur menschliche Angst war, sondern auch die Angst

Gottes. Und genau das offenbare die Wahrheit über unsere Situation: Es steht mit uns so, dass Gott mit Angst an uns denkt.

Wenn das so ist – wo ist denn dann Gottes Sieg?

In Gethsemane bekommen wir eine Antwort: »Was kann uns da noch von Christus und seiner Liebe trennen? Not? Angst? Verfolgung? Hunger? Entbehrungen? Lebensgefahr? Das Schwert des Henkers?« (Römer 8,35 NGÜ), um mit Paulus zu fragen. Die Angst ist noch da, aber sie kann uns nicht mehr trennen.

Andere Antworten werden folgen, schreibt Hartmann, aber heute geht es erst einmal darum, dass die Angst uns nicht trennen kann. »Der Sieg Christi bestand nicht darin, dass er um die Angst herumkam, sondern dass er sie aushielt.« Kräftig rot unterstrichen.

Gethsemane ist deshalb, obwohl es ein Kampfplatz ist, auch ein Platz der Befreiung.

Das Buch war offenbar von mehreren Menschen gelesen worden. Von einem mit einem roten Stift und einem mit einem blauen. Eine Stelle – aber nur eine einzige – war von beiden unterstrichen worden, rot und blau: »Die Angst soll uns nicht nur nicht trennen, sie verbindet uns wie ein dunkles Sakrament.«

Hier hat mein unbekannter Kamerad die Lektüre wohl unterbrochen und innegehalten. Wer mit der Angst vertraut ist, der weiß, dass sie einen kleinen Menschen vor sich hertreibt wie der Jäger das todgeweihte Wild. Da gibt es keinen Ausweg, kein Gebüsch, um sich zu verstecken. Die Angst sitzt im Nacken. Auf offenem Feld wächst sie völlig unkontrolliert. Schließlich ist man nicht nur einsam, sondern auch verlassen, verurteilt, von Gott getrennt. So fühlt es sich jedenfalls an.

Gethsemane ist deshalb, obwohl es ein Kampfplatz ist, auch ein Platz der Befreiung. Hier gibt es Schutz. Viele gaben in dieser Nacht auf, und wenn sie den Ausschlag gegeben hätten, wären wir alle verloren. Aber da war einer, der nicht aufgab. Die Jünger schliefen, und er kam zu ihnen; sie wachten auf, und er war da. Er ging nicht fort, er ließ sie nicht im Stich. So kam es zur Versöhnung in Gethsemane.

Der Tag des Rauchmelders

Der erste Advent kommt üblicherweise einen Monat zu früh. Kaum ist der letzte Schuss der Elchjagd verklungen, da werden auch schon die Sterne in die Fenster gehängt.

Ein Dazwischen scheint es nicht zu geben, und in diesem Jahr verschwand mein kompletter Herbst beim Umblättern des Kalenders von einem Mittwoch auf einen Donnerstag, irgendwann in den Herbstferien. Und schon wurde es Zeit, in den Adventstexten zu blättern, um den bewegendsten Gottesdienst des Jahres vorzubereiten, den ersten Advent. Dann füllen sich die Kirchen bis zum Bersten, und die Gemeinden in unserem Stadtteil singen so kräftig, dass man beinahe in einer Kirche den Gesang der anderen hört.

Der erste Advent ist auch der Tag des Rauchmelders. Wir haben in unserem Land ja den Spleen, für alles und jedes einen Tag zu bestimmen, vom Tag der Grütze zum Tag der Linkshänder oder zum Internationalen Tag des frischen Atems. Der Tag des Rauchmelders sollte uns ursprünglich nur daran erinnern, dass wir die Batterien wechseln müssen, aber er hat sich schnell zum Tag des privaten Brandschutzes im umfassenden Sinne entwickelt. Eine lobenswerte und lebensrettende Initiative.

Mit den Feuermeldern und Sirenen ist das aber so eine Sache. Keine unkomplizierte, vor allen Dingen nicht, wenn man in Schweden wohnt. Eine von Amerikanern durchgeführte internationale Studie hat untersucht, wie Menschen auf Feueralarm in einem Kaufhaus reagieren, und festgestellt, dass die Schweden das einzige Volk sind, dass, wenn es einen Alarm hört, davon ausgeht, es handele sich entweder um einen Fehlalarm oder um eine Übung. Während man in andern Ländern alles stehen und liegen lässt und um sein Leben rennt, hin zu den Türen und Notausgängen, bleiben die Schweden ganz ruhig in ihren schnurgeraden Kassenschlangen stehen und überlegen, ob sie nun mit Karte oder doch lieber bar bezahlen sollen.

Von meinem Vater habe ich gelernt, dass es nicht gefährlich ist, sich richtig reinzuhängen, wenn man auch mal richtig abhängen kann. Regelmäßig, gründlich und mit gutem Gewissen.

Ich habe in letzter Zeit öfters darüber nachgedacht, und zwar im Zusammenhang mit dem Alarm, der geschlagen wird, wenn es um unser immer höher gedrehtes Lebenstempo geht. Und noch weitergedacht, wenn es um die Bedrohung tiefer und lang anhaltender Liebe geht, denn beides gehört ja zusammen.

Vor einiger Zeit brachte *Göteborgs Posten* ein Interview mit Kristina Glise, Oberärztin und Chefin der Abteilung für

Stressmedizin bei uns in Göteborg. Es war ein schrecklich ernster Artikel. »Lang anhaltender Stress ohne Erholung schadet unserem Gehirn«, sagte sie unter anderem. Meine erste Reaktion beim Lesen war: »Na ja, das hat man schon öfters gehört.« Dennoch schrieb ich mir diesen Satz in mein Notizbuch und zwang mich, so lange darüber nachzudenken, bis mir der Ernst der Lage klar würde. Nach einer Weile blieb ich am Wort »lang anhaltend« hängen. Ich gehöre zu denen, die gern phasenweise richtig Gas geben – und es genießen. Von meinem Vater habe ich gelernt, dass es nicht gefährlich ist, sich richtig reinzuhängen, wenn man auch mal richtig abhängen kann. Regelmäßig, gründlich und mit gutem Gewissen.

Zu den Adventstexten, die ich und eine Million anderer Schweden morgen hören werden, gehört eine zweifache Ermahnung: »Seid bereit!« und »Fürchtet euch nicht!«. Nehmt also den Alarm ernst – den inneren wie den äußeren. Die Sirene heult nicht zum Spaß.

Aber weil Angst kein guter Berater ist, bitte ich am ersten Advent auch um den Mut, dem ins Auge zu blicken, was ich schon weiß, und es in die Tat umzusetzen. Deshalb schaue ich mal, ob die Batterien im Rauchmelder noch in Ordnung sind.

Der Zwilling aller Zweifler

Heute ist Thomastag. Während meiner ganzen Jugend und erst recht, seit ich Pastor bin, musste ich mir immer wieder die Kombination meines Vornamens mit dem Wort »Zweifler« anhören: Tomas, der Zweifler. Es ist natürlich der biblische Thomas, der in diesem Doppelnamen herumspukt, dieser junge Mann, der in Wirklichkeit wohl mehr ein Realist als ein Zweifler war. Er verließ sich nicht auf die Aussagen der anderen, sondern wollte selbst eine Erfahrung machen, bevor er glaubte. In meinen Ohren klingt das eher lobenswert als kleingläubig, eher nach einem Zeichen der Stärke als der Schwachheit. Der Name Thomas bedeutet außerdem gar nicht Zweifler, sondern Zwilling. Und da der Zwillingsbruder oder die Zwillingsschwester nirgends genannt werden, habe ich mir immer vorgestellt, ich sei Thomas' Zwilling. Oder wir seien es. Thomas, der Zwilling aller Zweifler.

Vor einiger Zeit wurde ich wieder mal für einen Menschen mit starkem Glauben gehalten. Im Gespräch mit anderen lande ich ganz schnell beim Thema Glauben. Diesmal sagte mir eine Gesprächspartnerin, die sich für ungläubig hielt, dass sie alle Menschen mit starkem Glauben bewundere. »So welche wie Sie«, sagte sie und sah mir in die Augen.

Ich war gezwungen, sie zu enttäuschen – und zu entlasten. Enttäuschen, weil ich keinen starken Glauben habe und nie einen hatte. Entlasten, weil ich ihr sagte, dass ich die »Stärke« eines Glaubens für unwichtig halte. Die Welt des Glaubens ist eine Freizone, in der es keine Vergleiche und kein Kräftemessen gibt.

Ich erzählte ihr, dass ich schon immer einen kleinen Glauben hatte. Aber einen Glauben an einen großen Gott. Und dass ich damit zufrieden bin.

Ich erzählte ihr, dass ich schon immer einen kleinen Glauben hatte. Aber einen Glauben an einen großen Gott. Und dass ich damit zufrieden bin. Wichtig ist doch nur, an wen ich glaube. Wenn es um die Tragfähigkeit meines eigenen Glaubens ginge, wäre ich schon längst verloren.

In unserem Gartenhäuschen habe ich vor einiger Zeit ein vergilbtes Blatt gefunden, auf dem einige Zeilen von Lord Alfred Tennyson stehen. Das Blatt muss mehr als zwanzig Jahre an der Wand gehangen haben. Als ich es dort festmachte, war unser Gartenhäuschen ein Arbeitszimmer; leider wurde im Laufe der Jahre eine Rumpelkammer daraus, mit lauter Sachen, für die nirgends sonst Platz ist, und so voll, dass man es kaum mehr betreten kann. Aber die Gedichtzeilen machen sich auch zwischen all dem Gerümpel gut:

Er kämpfte gegen seine Zweifel und bekam neue Kraft.
Er wollte nicht sein scharfes Urteilsvermögen verlieren.
Er widerstand allen Hirngespinsten
und besiegte sie.
Und bei alledem fand er am Schluss einen Glauben,
der stärker war als sein eigener.

Am Thomastag lohnt es sich, uns daran zu erinnern, dass der Zweifel nichts ist, was man erstreben sollte, aber auch nichts, was man fliehen muss. Er ist ein zweischneidiges Schwert, das es manchmal schwer macht, glauben zu können, möglichweise aber auch einen Weg zeigt zu einem tieferen, gefestigteren Glauben, zu einer neuen Art der Gewissheit. Zu einem Glauben, der stärker ist als der eigene, ganz einfach. Dass man mit Zweifeln zu kämpfen hat, ist ein Zeichen dafür, dass der Glaube noch lebendig ist. Und wenn ich jemanden treffe, der behauptet, noch nie gezweifelt zu haben, dann sage ich: Das bezweifle ich.

Sehnst du dich nach Kokkola?

In der letzten Woche war ich in Finnland, um einige Vorträge zu halten. Die Reise dorthin hatte ich bei einem Online-Reisebüro gebucht. Einige Wochen vor der Abreise bekam ich eine Mail mit der unschlagbaren Frage im Betreff: »Sehnst du dich nach Kokkola?« Ich musste nicht nachdenken, um zu antworten. Nach vielen Orten habe ich mich schon gesehnt, aber noch nie nach Kokkola.

Ich schätze, dass diese automatisch verschickte Mail deshalb so eine emotionale Betreffzeile hatte, weil die Menschen, die auf dieser Website buchen, normalerweise nach Thailand reisen, auf die Bahamas oder an andere Orte, die mit Träumen verknüpft sind. Vermutlich wollte der Reiseveranstalter eine Art von warmem Gefühl wecken, das einen die lauen Winde spüren lässt und den weichen Sand ferner Strände. Danach kann man sich ja tatsächlich sehnen, während einem der Wind durch Mark und Bein pfeift.

Ich löschte die Mail, ohne sie gelesen zu haben; vermutlich ging es um das Buchen irgendeines zusätzlichen Angebots, um einen Mietwagen oder ein Hotelzimmer, und dafür kann es sicher nicht schaden, Sehnsüchte anzusprechen.

Sehnsucht ist einer unserer stärksten Antriebe. Wie oft finde ich mich vor meinem Laptop, um Reisen zu planen. Ich vergleiche Flugzeiten nach Malaga, Hotels in Lissabon und Fotos von Bergdörfern in Italien. Gibt es dort einen Marktplatz? Sieht das aus, als gäbe es da ein schönes Café? Mit Google Earth senke ich mich auf Orte nieder, die ich wohl nie besuchen werde. Sich sehnen ist fast wie reisen.

Ist das meine Art, dem grauen Alltag zu entfliehen? Keineswegs. Ich gehöre zu den Glücklichen, die ein Leben führen, das ihnen gefällt. Dennoch sehne ich mich manchmal fort, was nur bedeutet, dass Sehnsucht und Flucht zwei verschiedene Dinge sind. Es geht um eine Öffnung zu etwas anderem hin, etwas, an dem man sich eine Weile wärmen kann, ohne dass man an diesen bestimmten Ort tatsächlich reisen muss. Es genügt zu wissen, dass es ihn gibt. Genau deshalb ist die Sehnsucht lebenswichtig: um unser Leben ein wenig zu weiten und zu öffnen.

Ich gehöre zu den Glücklichen, die ein Leben führen, das ihnen gefällt. Dennoch sehne ich mich manchmal fort, was nur bedeutet, dass Sehnsucht und Flucht zwei verschiedene Dinge sind.

Sehnsucht ist nicht das Sahnehäubchen auf dem Kuchen oder das pikante Gewürz an der Soße. »Wir brauchen Sehnsucht, um leben zu können«, schrieb Olle Svensson in einem seiner bekanntesten Gedichte. Was der Mensch braucht, meinte er, ist »ein Außerhalb, ein Meer, eine Aussicht, etwas anderes, etwas jenseits von, ein zersägtes Gitter in unserer Zelle, von dem niemand etwas weiß«.

An diese Verse denke ich manchmal, wenn ich alten Menschen begegne, die sagen, dass sie sich nach dem Himmel sehnen. Wer die Bedeutung ihres Glaubens abtun will, kann sagen, dass sie sich mit Tagträumen aufhalten, statt in der Gegenwart zu leben. Aber diese Sicht teile ich nicht. Ich glaube vielmehr, dass sie jetzt eine Reife erlangt haben, die es ihnen erlaubt, ihre Sehnsucht wahrzunehmen und zu ihr zu stehen. Sie weigern sich, ihr Leben durch das Letzte begrenzt zu sehen, und lassen lieber ein bisschen Himmelsluft in ihre Lungen strömen. Die Richtung ihrer Sehnsucht heißt nicht »weg von«, sondern »hin zu«.

Und Kokkola? Ja, danke. Die Reise war gar nicht so schlecht. Schweinekalt und ziemlich trostlos, die Gegend, aber schrecklich nette Menschen dort und eine ganz passable Konditorei.

Eine Fliege auf dem Lobgesang

Es war ganz zu Beginn des Gottesdienstes, als sie ihren Auftritt hatte. Die Fliege. Fett, kaum lauffähig und offenbar etwas verwirrt durch das ungewöhnliche Herbstwetter flog sie schnurstracks auf den Lobgesang zu, landete auf der Textstelle »Majestät, König in Ewigkeit«, die der Beamer auf die Wand projizierte, und torkelte dort kurz zwischen den Zeilen herum. Im Lichtstrahl des Beamers, dicht beim Kreuz, nahm sie beängstigende Proportionen an. Sie ließ sich Zeit und schien den Geschmack einzelner Worte herausfinden zu wollen: »Du Fels meiner Rettung« – »mein Zufluchtsort«.

Ein munteres Gemurmel ging durch die Bankreihen. Wenn wir im Restaurant gewesen und die Fliege in einer Suppe gelandet wäre, hätten wir gewusst, was zu tun ist. Wir hätten den Kellner herbeigerufen und um eine neue Suppe gebeten. Und natürlich hätte er einen Schwall von Entschuldigungen hervorgebracht und sofort eine neue Suppe serviert. Aber im Gottesdienst …?

Im ersten Moment fand ich die fette, eklige Fliege an dieser zentralen Stelle des Gottesdienstes ziemlich unappetitlich, aber nach einer Weile schien mir ihre Anwesenheit irgendwie passend. Die Welt des Glaubens unterscheidet sich nicht von den anderen Welten unseres Lebens. Sie ist nicht reiner oder glänzender und ganz sicher nicht frei von Insekten. Dabei wird in unseren Kirchen manchmal vom Glauben gesprochen, als wäre es so. Wenn man einen Raumspray aus der richtigen Mischung von Bekenntnis und Lebensstil einsetzt, dann wird man von Gott mit Segen und einem guten Leben belohnt. Es heißt, alles Ungeziefer halte sich von dem fern, der sich in eine Art Glaubensnebel hüllt.

Ich habe das in ungefähr tausend Variationen gehört, aber ich glaube es nicht. Auch durch die schönsten Lobgesänge wandert manchmal eine fette Fliege. Es ist nicht ohne Risiko, wenn man den Glauben mit der Abwesenheit von Pleiten, Pech und Pannen verbindet. Früher oder später holt die Wirklichkeit einen ein, und die Wirklichkeit ist nun mal, wie sie ist. Das einzusehen bedeutet nicht, zu kapitulieren. Im Gegenteil: Ich glaube, dass von hier die Kraft kommt weiterzugehen. Die Basis aller Weltanschauungen ist ja die treffende Beschreibung des Ausgangspunktes. In dieser Hinsicht macht der Glaube keine Ausnahme. Wer die Ausgangssituation leugnet oder überspringen will, landet unweigerlich in einer Welt von Glanzbildern und Träumen, und die hat nichts mit dem Glauben zu tun.

Auch durch die schönsten Lobgesänge wandert manchmal eine fette Fliege.

Keiner von uns erhält eine Light-Version des Lebens. Alle wissen wir, dass das Leben uns ein ganz übel grinsendes Gesicht zeigen kann. Durch unsere Tage ziehen sich Dinge, von denen wir dachten, sie gehörten nicht hierhin, darunter solche, die wir als völlig sinnlos erleben.

Glauben, so wie ich ihn verstehe, bedeutet, all das mit Christus in Verbindung zu bringen, es mit ihm zu teilen. Mehr als einmal haben wir in den schwärzesten Nächten, in dem, womit wir zu kämpfen haben, erlebt, dass er seinen Arm um uns gelegt hat. In solchen Nächten ist der Glaube das Einzige, was trägt, der einzige Trost in der Trauer, die sich in unsere Familie fressen will.

Ich sage nicht, dass der Glaube unsere Probleme gelöst hat. Ich sage nur, dass der Glaube da ist und dass er etwas vollkommen anderes ist als eine Art Raumspray mit christlicher Duftnote.

Da sitzt eine Fliege auf dem Lobgesang. Das darf sie. Wir singen trotzdem weiter.

Die Liebe ist größer als diese Welt

Immer auf dem Weg nach Hause

Im Laufe des Lebens geht einem so manches Unbedachte über die Lippen, aber ich glaube, die dümmste Äußerung entwich mir, als ich davon hörte, dass es neuerdings die Möglichkeit gebe, kurze Texte per Telefon zu verschicken, sogenannte SMS. Eine mir sehr nahestehende Frau erinnert mich immer wieder mal daran, dass ich die Sache damals mit den Worten abtat: »Das setzt sich doch nie durch.« Man könne doch genauso gut anrufen, räsonierte ich. Das sei eine Eintagsfliege.

Zu behaupten, ich hätte mich geirrt, ist noch untertrieben. Etwa 8,3 Millionen Mal am Tag habe ich an diesem Punkt unrecht, denn so viele SMS verschicken die Schweden täglich, und ich selbst gehöre zu den ganz fleißigen Nutzern.

Manchmal geschieht es, dass so eine Kurzmitteilung mich mit einer Präzision erreicht, die geradezu unheimlich ist. In der letzten Woche ist mir das wieder passiert, und dieses Erlebnis wird mich wohl noch lange begleiten. Ich war auf dem Weg zu einer Begegnung, die mir Bauchschmerzen bereitete. Ich sage einfach, wie es war: Ich hatte eine Höllenangst. Als ich die Türklinke in die Hand nahm, machte mein Telefon: Pling! Die SMS kam von einem Kollegen aus einem weit entfernten Teil von Schweden, der keine Ahnung haben konnte, in welch einer heiklen Situation ich mich gerade befand. Seine SMS bestand aus einem einzigen Satz: »Letztlich befindet sich der Mensch, der liebt, immer auf dem Weg nach Hause.« Wie ein Strom frisches Gebirgswasser rannen diese Worte durch mich hindurch.

Letztlich befindet sich der Mensch, der liebt, immer auf dem Weg nach Hause.

Mit diesem Satz, dem kein weiterer folgte, verbanden wir beide eine Geschichte: Vor vielen Jahre saßen wir einmal in einem Zug Richtung Norrland, um eine gemeinsame Recherche vorzunehmen. Wir waren unterwegs zu der kleinen Insel Svanö im Ångermanälven, auf den Spuren von Birger Norman, und immer wieder ging es um die Themen Aufbruch, Umkehr und Heimkehr. Der Satz, den mein Begleiter mir nun per SMS geschickt hatte, stammte aus einem unserer Gespräche, und wir hatten ihn bereits oft wiederholt; er war zu einer Art freundschaftlichem, hoffnungsvollem Zuzwinkern zwischen uns beiden geworden.

Am heutigen Mittsommerabend schicke ich diesen Satz an alle weiter, denen es schwerfällt, sich über die Mittsommerlieder zu freuen, an alle, die so viel verloren haben, dass sie unendlich traurig sind. Ich will glauben, dass es mit unseren alltäglichen Abschieden so ist, wie die SMS meines Freundes es sagt: an der Tür zur Kita, auf dem Weg zur Arbeit, weg von den Menschen, die man am meisten liebt, und dann, wenn wir einander loslassen müssen in dieser Welt, in der nichts Bestand hat. Denn so ist es, und für den, der einsam zurückbleibt, wird die ganze Welt zu einem fremden Ort. Wohin man auch reist, die Einsamkeit bleibt. Und umgekehrt: Für den, der liebt, gibt es keine Distanz. Die Liebe ist größer als diese Welt. Ohne diese Hoffnung will ich nicht leben. Ohne diese Hoffnung könnte ich wohl auch nicht sterben.

Und heute Abend, wenn das Mittsommerfest seinen Höhepunkt erreicht, will ich an mein Glas klopfen und mit all der Dankbarkeit, zu der ich fähig bin, vom Bildschirm meines Handys einen Satz vorlesen: »Letztlich befindet sich der Mensch, der liebt, immer auf dem Weg nach Hause.« Wenn mir dabei die Tränen kommen sollten, dann ist das eben so. Und anschließend baden wir im eiskalten Bach.

Berühr mich, solange ich lebe

Gestern war der Geburtstag unseres ältesten Sohns, Karl-Petter. Er wäre 27 Jahre alt geworden, aber er starb, als er fünfzehn war. Wie in jedem Jahr haben wir diesen besonderen Tag mit einem Besuch auf dem Friedhof begangen. Fröhliche Erinnerungen vermischten sich mit einem Gefühl der Unwirklichkeit, einer Empfindung, die man auch bei größtem Bemühen niemandem erklären kann. Nur wer es selbst schon einmal erlebt hat, weiß, was ich meine.

Die Sonne schien über der Insel Hisingen, als wir unsere Blumen auf den Grabstein legten und unserem Sohn im Flüsterton sagten, dass wieder ein Jahr vergangen sei und dass wir ihn immer noch in gleicher Weise vermissten.

Die Trauer kennt eine zeitliche Grenze, aber das Vermissen währt ein ganzes Leben.

Bevor wir nach Hause zurückkehrten, taten wir, was wir immer tun (das habe ich aber erst nach einer Weile festgestellt): Wir strichen mit der Hand über den kalten Grabstein. So als wären Worte und Gedanken jetzt und hier zu armselig. Wir wollten etwas mit unserem Körper tun, etwas, das man spüren kann. Wir haben uns im Leben berührt, und dieses Bedürfnis verschwindet nicht, weil jemand stirbt. Ich behaupte, dass das Gedächtnis des Körpers weiterentwickelt ist als das der Gedanken.

Das Wichtigste, was wir einander geben können, tragen wir buchstäblich in unseren Händen. Wir haben uns im Leben berührt, und etwas davon wollen wir auch ausdrücken, wenn wir zum letzten Mal Abschied nehmen.

Ich halte oft Trauergottesdienste. Manchmal für einen Menschen, den ich gekannt habe, manchmal für jemanden, dem ich nie begegnet bin. Beim Abschied in der Kirche beobachte ich, dass die meisten Menschen sich mit dem Verneigen am Sarg nicht mehr wohlfühlen und stattdessen lieber mit der Handfläche über den Sargdeckel streichen oder die Decke berühren, die den Verstorbenen im offenen Sarg bedeckt. Manche klopfen leise an den Sarg, als wollten sie sagen: »Ade, mein alter Freund!« Vermutlich erklärt sich das veränderte Verhalten einfach aus der Tatsache, dass wir uns auch sonst nirgends mehr verbeugen, verneigen oder einen Knicks machen. Dabei ist sich zu verneigen eine schöne Geste, und ich pflege sie weiterhin als einen Ausdruck von Ehrfurcht und Respekt vor dem Verstorbenen. Aber offenbar gibt es das Bedürfnis, den Abstand zu überbrücken, den man empfindet. Daher all die Hände, die halten, streicheln und klopfen. Wir haben uns im Leben berührt, und etwas davon wollen wir auch ausdrücken, wenn wir zum letzten Mal Abschied nehmen.

»Zum letzten Mal«, das ist es, worum es mir geht. Ich glaube, dass unser Tun am Grab uns etwas davon erzählt, wie wichtig es ist, uns zu berühren, solange wir die Möglichkeit dazu haben, solange wir noch leben. Es gibt Menschen, die sich mit körperlichem Kontakt schwertun, und das muss man respektieren, aber viel häufiger sehnen wir uns doch nach spürbarer Nähe.

Es gehört zu unserem Menschsein, dass wir berührt werden wollen. Wir möchten den Abstand überbrücken und einander so nah kommen, dass wir uns spüren. Und was für glückliche und frohe Begegnungen stimmt, das stimmt erst recht, wenn man in Trauer und Verlorenheit umhergeht und sich in dieser Welt ganz allein fühlt. Wo das Wort nicht hinreicht oder den anderen nicht erreicht, können Arme, die einen umschließen, oder auch nur eine Hand auf der Schulter das Einzige sagen, was man jetzt wissen muss: Ich bin da. Du weißt ja, dass ich da bin.

Die Botschaft ist sonnenklar: Berühr mich, solange ich lebe.

Bestätigung und Widerstand

Wir waren im Urlaub in den USA und haben dort ein Auto gemietet, denn bekanntlich ist es schwer bis unmöglich, sich in den Staaten auf andere Weise fortzubewegen. Das Auto, das wir als das unsere erkoren hatten, erwies sich als ein nigelnagelneuer Chevrolet. Schon beim Buchen war es uns verdächtig günstig vorgekommen, aber als uns beim Abholen die zuständige Dame fragte, ob wir es nicht gegen ein etwas luxuriöseres Modell tauschen wollten, glaubten wir, sie versuche uns zu veräppeln. Wir behielten das Auto natürlich und rollten mitten in der Nacht vom Flugplatz Richtung Hotel. Das sollte kein Problem sein, schließlich hatten wir uns ein Navi als Extra geleistet. Die Straße, an der unser Hotel lag, fand sich nicht im Navi, deshalb gaben wir eine Adresse in der Nachbarschaft ein und fuhren los. Wir waren schon fast 24 Stunden unterwegs, sehr, sehr müde, und wir wollten nur noch ins Bett.

Schon bald befahl uns der Apparat, rechts abzubiegen, dann noch einmal rechts – das war überhaupt nicht die Richtung, die uns vorschwebte. Die Straßen wurden schmaler, die Bebauung spärlicher, und schließlich sahen wir uns an und sagten: »Da stimmt was nicht.« Wir wendeten.

Die amerikanische Frauenstimme im Navi setzte wieder ein, so freundlich wie zuvor – jetzt rechts, jetzt links –, bis wir auf einem Wendehammer standen. Erst dort erkannten wir, dass wir fahren konnten, wohin wir wollten, immer behauptete die Stimme, dass wir auf dem richtigen Weg seien. Selbst wenn wir vor einer roten Ampel standen, zeigte der kleine Bildschirm an, dass unser Auto weiterfuhr. Wir sahen ein, dass die freundliche Stimme sich genauso verirrt hatte wie wir. Wir hatten wohl ein Montagsexemplar von Navi erwischt.

Wir hielten bei einer Tankstelle und fragten auf altmodische Weise einen Menschen nach dem Weg. Der Tankwart war genauso freundlich wie die Navi-Stimme, mit dem Unterschied, dass er wusste, wo er war und wie wir fahren mussten, um endlich anzukommen.

Wirkliche Fürsorge bedeutet manchmal auch Widerstand.

»Drehen Sie um«, sagte er. »Sie müssen in eine ganz andere Richtung.«

Es war fast Morgen, als wir unser Ziel erreichten, aber wir erreichten es.

Man sagt, dass wir in einer Bestätigungskultur leben. Alle bestätigen alle mit Sätzen wie »Super hast du das gemacht!« – »Gönn es dir!« – »Das hast du dir echt verdient.« Bestätigt zu werden ist ein legitimes Bedürfnis, das uns ein Leben lang begleitet.

Aber wenn man nicht mit Menschen gesegnet ist, die einem ab und zu auch Widerstand leisten, die einen so sehr lieben, dass sie nicht alles toll finden, was man tut, einen vielleicht sogar mal vor einem Weg warnen, dann ist man arm dran.

Wenn ich auf mein bisheriges Leben zurückblicke, dann erkenne ich, dass Bestätigung sehr wichtig war, aber ich sehe auch, dass ich ohne mutige Menschen in die Irre gegangen wäre, Menschen, die sich in mein Leben eingemischt und mich darauf aufmerksam gemacht haben, dass ich dabei war, einen gefährlichen Weg einzuschlagen. Damals habe ich mich über sie geärgert. Heute denke ich mit Dankbarkeit an sie zurück.

Unsere Gesellschaft wird immer individualistischer, und als Folge davon erscheint es uns fast vermessen zu sein, sich über ein Leben Gedanken zu machen, das nicht das eigene ist.

Aber wirkliche Fürsorge bedeutet manchmal auch Widerstand. Ohne Widerstand wird unser Zusammenleben wie das amerikanische Navi: nett und freundlich. Allerdings dreht man eine unglaublich große Runde, bis man da ankommt, wo man hinwollte.

Das eigentliche Ziel der Reise

Es waren ein paar alte Männer im Umkleideraum des Schwimmbads, die mich auf eine Spur setzten. Sie erzählten nämlich, dass einer von ihnen aus Versehen im Supermarkt mit dem Einkaufswagen »ein altes Weib« angefahren hatte. Sie war leicht verletzt, und er hatte sich tausendmal entschuldigt. Als kleine Wiedergutmachung hatte er ihr dann angeboten, sie nach Hause zu fahren. Und dann nahm alles eine unvorhergesehene Wendung. Die Begegnung aus diesem unglücklichen Anlass hielt einige Überraschungen bereit.

»Zwei Jahre später kam er wieder nach Hause«, bemerkte einer der Männer kichernd.

Ihre Unterhaltung rief mir ein seltsames Wort in Erinnerung: Serendipity.

Ich hatte das Wort vor einigen Wochen zum ersten Mal gehört. Nachdem ich in einem Kulturhaus gesprochen hatte, kam eine Frau auf mich zu und sagte mir, etwas in meinem Vortrag habe sie an diesen Begriff erinnert. Ich bat sie, das Wort zu wiederholen, und sie schrieb es quer über die erste

Manuskriptseite: Serendipity. Ein schwer zu merkendes Wort für eine Sache, die eigentlich ganz einfach ist. Das Wort geht auf ein persisches Märchen zurück: »Die drei Prinzen von Serendip«, wobei Serendip der alte Name für Ceylon ist. Die drei wurden von ihrem Vater mit verschiedenen Aufträgen in die Welt hinausgesandt, doch sie kamen nie zurück, weil jeder von ihnen ständig mit etwas beschäftigt war, das ihm wichtiger geworden war als das ursprüngliche Ziel der Reise. Die Moral von der Geschicht': Wer aufmerksam ist, stolpert über wichtige Entdeckungen, während er auf der Suche nach etwas völlig anderem ist.

Die Bibel kennt eine ganze Reihe von Beispielen dafür. Um nur eins zu nennen: Ein junger Mann sucht nach Eselinnen, die seinem Vater weggelaufen sind, und wird unterwegs zum König gesalbt (1. Samuel 9 und 10). Es erweist sich: Die Suche war nur ein Vorwand für das eigentliche Geschehen. Das wirkliche Ziel der Reise lag direkt hinter dem vorgeblichen. Man kommt bekanntlich nicht immer dort an, wo man hinwollte, aber mit Offenheit und wacher Aufmerksamkeit kann man etwas anderem begegnen, das die Reise wert ist.

Es geht nicht so sehr um Zielgenauigkeit; auch Ungefähres kann einen weiterbringen.

Dieser Gedanke hat etwas Tröstliches, etwas, das unsere Irrwege weniger schwerwiegend erscheinen lässt. Es geht nicht so sehr um Zielgenauigkeit; auch Ungefähres kann einen weiterbringen. Der Fokus wird breiter.

Zuerst dachte ich, der Gewinn dieser Betrachtungsweise läge darin, dass sie das Leben für Überraschungen öffnet.

Das wäre ja schon ein großer Gewinn. Aber je mehr ich darüber nachdenke, desto mehr sehe ich die große Hoffnung, die daraus erwachsen kann, und eine neue Chance für Menschen, die nie fanden, was sie suchten, deren Sehnsucht sie ins Nirgendwo führte, die träumten und in etwas erwachten, das alles andere als ein Traum war. Direkt vor ihren Füßen kann etwas anderes auf sie warten, etwas, das nicht schlechter sein muss als das, was ihnen vorschwebte.

Wenn man nicht dort ankommt, wo man hinwollte, so kommt man vielleicht doch dort an, wo man hinsollte.

Gebrauchsfertig

Nichts ist so schön, als wenn man sieht, wie ein Mensch aufblüht. Die Kraft, die freigesetzt wird, wenn der richtige Mensch am richtigen Ort ist, gleicht der Kraft frisch Verliebter. Sie kennt fast keine Grenzen. Und umgekehrt: Nichts ist so traurig, als wenn ein Stern verlöscht und großartige Voraussetzungen einem schwindenden Selbstbewusstsein und Selbstwertgefühl weichen. Nicht selten ist das Desinteresse der Umgebung der Grund dafür, dass Talente, Begabungen und Träume veröden.

Nächstenliebe bedeutet nicht nur, den Schwachen zu stützen, sie bedeutet auch, ein Mensch zu sein, der andere aufblühen lässt.

Nach einem Vortrag kam eine Frau zu mir, um mir kurz etwas mitzuteilen. Sie sagte nicht: »Danke!«, sie sagte auch nicht: »Das war ja so gut!«, sie sagte: »Dich können wir gebrauchen!«

Der Ausdruck blieb bei mir hängen, weil er eine so ungewöhnliche Art des Feedbacks war. Es ist immer schön, wenn einem jemand dankt für das, was man getan hat, und es ist sehr hilfreich, wenn jemand Gesichtspunkte ergänzt, die einen weiterbringen. Aber dieser Kommentar öffnete mir eine weitere Dimension: Wer alles im Leben als eine Gabe betrachtet, hat eigentlich keinen Grund, sich mit irgendetwas zu brüsten. Er braucht sich aber auch nicht zu entschuldigen. Man gibt lediglich weiter, was man selbst zugeteilt bekommen hat.

Nächstenliebe bedeutet nicht nur, den Schwachen zu stützen, sie bedeutet auch, ein Mensch zu sein, der andere aufblühen lässt.

Ich glaube, dass diese Frau einer wichtigen Sache auf der Spur ist und mich auf eine neue Sehnsucht bei vielen Menschen hingewiesen hat.

Wir werden immer häufiger von Menschen angesprochen, denen es nicht genügt, sich um ihr eigenes Haus zu kümmern, und denen es keine Freude mehr macht, nur ihre eigene Zukunft abzusichern. Sie wollen einfach gebraucht werden. Manche von ihnen sagen, dass Gott sie gebrauchen soll, andere drücken denselben Wunsch aus, aber ohne religiöse Sprache. Alle wollen sie gebraucht werden. Nicht ausgenutzt werden, aber zu etwas nütze sein. Diese Sehnsucht ist ein wichtiges Zeichen der Reife. Eine der Bedeutungen des Wortes Reife ist ja, dass etwas fertig ist, um gebraucht zu werden, »reif für die Anwendung«. Zu einer guten Entwicklung gehört es, dass der Fokus sich nach und nach verschiebt: weg von dem, was man selbst gewinnen kann, hin zu dem, wobei man für andere eine Stütze oder Hilfe sein kann.

Die Sehnsucht, gebraucht zu werden, ist tief in uns verwurzelt. Gunnar Edmann, ein Autor geistlicher Schriften (1915–1995), wusste das und schrieb immer wieder über das, was er »die Gnade, gebraucht zu werden« nannte. Damit diese Gnade fließen kann, müssen wir unsere unsinnige Angst davor überwinden, um Hilfe zu bitten und Hilfe in Anspruch zu nehmen.

Mir ist aufgefallen, dass ich selbst auch oft Hilfsangebote ausschlage, obwohl ich sie eigentlich gern annehmen würde. »Soll ich dich mit dem Auto mitnehmen?«, fragt jemand. »Danke, ist nicht nötig«, sage ich. »Ich kann den Bus nehmen.« Dabei sollte ich lieber antworten: »Ja, danke!« und fröhlich ins Auto steigen. Denn das Annehmen von Hilfe erzeugt eine Wärme, die sonst verloren ginge. In dem Augenblick, in dem ich das Angebot einer Mitfahrgelegenheit ablehne, trage ich dazu bei, dass zwei ziemlich müde Menschen sich trennen. Einer nimmt den Bus. Einer das Auto. Mit demselben Ziel, aber nicht gemeinsam.

Die Welt verändern!

Aus der Zeitung fallen eine Unmenge Beilagen heraus. Großformatige, mehrfach gefaltete Prospekte erklären mir, was ich gar nicht wissen will: dass die Tankstelle jetzt auch nachts geöffnet hat und dass man quasi gratis telefonieren kann (jedenfalls glaubt man das, bevor die winzigen Sternchen einen zum Kleingedruckten des Knebelvertrags führen).

Vor einigen Wochen fiel mir aus dem Kulturteil unserer Gratiszeitung ein Prospekt von SAS entgegen, der Scandinavian Airlines. Seite 1 zeigte einen Wüstenwanderer, und daneben stand: »Wenn du reist, veränderst du die Welt.« Ein freundlicher Gruß, der mich die Reklameflut gleich positiver sehen ließ.

Ich pinnte die Seite an eine Wand in meinem Arbeitszimmer. Man vergisst so leicht, was man nicht sichtbar macht. An dieser Wand ist das Blatt in Gesellschaft anderen Tiefsinns, darunter einer Umfrage zum Thema Aberglauben. Die Fragen, die fünf Göteborgern gestellt wurden, heißen: Freitag der 13. ist der klassische Unglückstag. Bist du abergläubisch? Was wirst du am Freitag tun?

Malin, 16 Jahre alt, antwortet: »Ich werde zu Hause bleiben und schlafen. Ich traue mich nicht rauszugehen, man weiß ja nie, was passiert. Letztes Jahr am Freitag, den 13., habe ich einen kleinen Cousin bekommen.«

Ist das nicht ein wunderbarer Text? Viel zu kostbar, um weggeworfen zu werden!

Mit der Zeit hat die SAS-Anzeige für mich begonnen, von mehr zu handeln als nur vom Reisen zu fremden Kontinenten. Sie spricht für mich von Menschen und von dem Abenteuer, das es bedeutet, einen Menschen kennenzulernen. Und davon, dass die Welt nach einer wirklichen Begegnung nicht mehr dieselbe ist.

Mit jedem neuen Menschen eröffnet sich die Möglichkeit, das Dasein aus einer anderen Perspektive zu sehen.

Mit jedem neuen Menschen eröffnet sich die Möglichkeit, das Dasein aus einer anderen Perspektive zu sehen. Das verändert einen. Und die Welt. Der eigene Einsatz dabei sind Neugierde, Offenheit und der Verzicht, den anderen von vornherein mit einem Etikett zu versehen, ihm vielmehr zu begegnen, wie man etwas Neuem auf einer Reise begegnet.

In seinem Buch »Wie laut muss ein Mensch rufen?« schreibt Notto R. Thelle von einer der erstaunlichsten norwegischen Persönlichkeiten, dem Pfarrer Stephan Tschudi. Er beschreibt ihn als urtümlich, beweglich, überraschend und unruhig. Ein Mensch, der sehr viel mehr war, als sein Beruf ihm vorgab. Ein Seelsorger, Lebenskünstler, Grübler und Unruhestifter. Ein unregelmäßiges Verb. Während ich über ihn lese, ist es besonders seine Neugierde in der Begegnung mit anderen, die mich beeindruckt. »Das wichtigste Geheimnis seiner pastoralen Tätigkeit war wohl seine Überzeugung, dass kein Mensch uninteressant ist«, schreibt Thelle und ergänzt, dass Tschudi die Menschen dort suchte, wo sie waren, und nicht dort, wo sie sein sollten.

Zu seinem 70. Geburtstag schrieb Tschudi das Gedicht »Schicksal«:

Ich hasse
Die schnurgerade Linie
Die schmutzabweisende Oberfläche
Den spiegelblanken Tag

Sein ganzes Leben lang nahm Tschudi die holprigen Wege. Auf ihnen lernte er die Menschen so kennen, wie sie waren, und auf diesen Wegen wuchs seine Überzeugung: Es gibt keine uninteressanten Menschen. Eine neugierige Begegnung verändert immer die Welt.

Wenn es nur nicht vergebens ist!

Worte sind etwas Seltsames. Man wird den lieben langen Tag von ihnen überflutet, meist, ohne dass sie eine Spur hinterlassen, und dann passiert plötzlich, was mir gestern passiert ist: Ein einziges Wort trifft mich wie ein Schlag in die Magengrube.

Es war das Wort »vergebens«. Ein trauriges Wort. Plötzlich war mir klar, was ich im Leben fürchte: nicht, dass ich gezwungen bin, zu kämpfen und mich aufzureiben, nicht, dass ich über lange Zeiten nur dürftige Ergebnisse meiner Mühen sehe, sondern dass ich meine Zeit und meine Kraft in Dinge stecke, die bedeutungslos sind.

Aber Vorsicht: Der Schein trügt. Nicht alles lässt sich messen. Vieles von dem, was wichtig und wirkungsvoll scheint, erweist sich irgendwann als leer. Und umgekehrt: Ein Teil dessen, was wir vorschnell verwerfen, birgt in sich Schönheit und Sinn.

Meine Tätigkeit führt mich oft zu alten Menschen im Großraum Göteborg. Oft ist ein Geburtstag der Anlass für meinen Besuch. Viele dieser Begegnungen laufen so ab wie der Besuch bei einer Frau, zu der ich kurz vor Weihnachten fuhr. Sie wohnt einige Kilometer außerhalb der Stadt, und ich brauchte eine ganze Weile, um das Altenwohnheim zu finden und dann noch in die verriegelte Abteilung hineinzukommen, in der sie seit einiger Zeit untergebracht ist.

Nicht alles lässt sich messen. Vieles von dem, was wichtig und wirkungsvoll scheint, erweist sich irgendwann als leer. Und umgekehrt: Ein Teil dessen, was wir vorschnell verwerfen, birgt in sich Schönheit und Sinn.

Die Frau lebt längst in ihrer eigenen Welt. Nicht »weggetreten«, wie man manchmal sagt, sondern in einer anderen Welt als der von Terminkalendern und neuesten Nachrichten. Ich saß etwa eine halbe Stunde bei ihr, fragte, erzählte und sang, aber die meiste Zeit saßen wir einfach beieinander, ohne dass gesprochen wurde. Sie schaute mich immer nur an und lächelte. Egal, was ich sagte, sie lächelte. Noch nicht einmal, als ich sie umarmte und sagte: »Ich gehe jetzt«, änderte sich ihr Ausdruck.

War mein Besuch vergebens? Ganz bestimmt nicht! Schon als ich durch den langen Flur zum Aufzug ging, war mir klar, dass die Frau meinen Besuch bereits vergessen hatte, und dennoch spürte ich mit Gewissheit, dass ich an diesem Nachmittag nichts Wichtigeres hätte tun können. Nicht für sie und nicht für mich.

»Vielleicht hat alles, was aus Liebe geschieht, einen Wert,

der bleibt, während alles äußerlich Beeindruckende verblasst«, sang Ingmar Olsson schon in den Siebzigerjahren in seinem Lied »Hoffnung, die mich trägt«. Ich glaube, ich erinnere mich noch an diese Zeilen, obwohl so viele Jahre vergangen sind, weil sie den Wert unserer Fürsorge für andere an seiner Motivation messen und nicht an seinem »Effekt«.

Nein, es ist nie vergebens, sich eine Weile zu einem anderen Menschen zu setzen.

Es ist nie vergebens, mit einem Kind zu spielen.

Es ist nie vergebens, einsam dazusitzen und wegen eines Menschen zu weinen, den es allzu hart getroffen hat.

Es ist nie vergebens, zu seufzen und zu beten.

Es gibt Bibeltexte, die andeuten, dass Gott unsere Tränen sammelt und dass eines Tages all unsere Gebete, unsere Fürsorge für andere und unsere anteilnehmenden Blicke wie ein segenbringender Regen auf uns niedergehen werden. An jenem Tag wird es uns vollkommen klar sein, dass das, was uns umsonst zu sein schien, im Verborgenen großen Wert hatte, und dass alles, was auch nur ein Gramm Liebe in sich trug, der Mühe wert war.

Einer am Tag

Gestern habe ich den Trauergottesdienst für einen ungewöhnlichen Mann mit einem gewöhnlichen Namen gehalten: Arne Karlsson. Arne war Marzipanfabrikant und ein geistlich gesinnter Mensch. Er hatte buschige Augenbrauen und eine große soziale Begabung. Einmal, Arne hatte die Neunzig schon lange überschritten, besuchte ich ihn in seiner Wohnung in der Viktoriagatan und fragte ihn, was er tagsüber denn so mache. Er erzählte mir, wie seine Woche aussah, und als wir zum Wochenende kamen, zog er seine Samstagsliste heraus. Auf dieser Liste standen die Namen all der »Alten«, die er jede Woche anrief, um sie aufzumuntern. So nannte er es. Den größten Teil seines Samstags verbrachte er mit diesen Anrufen. Monat für Monat. Jahr für Jahr.

Ich bin überzeugt, dass der Grund für die geistliche Vitalität, die mein Freund Arne selbst im hohen Alter behielt, an seinem Interesse für andere Menschen lag. Sich um das Wohl und Wehe anderer zu kümmern, öffnet das eigene Leben für gute Kräfte. Es ist eine rezeptfreie und meist kostenlose Medizin für uns alle, die wir wissen, dass unser Wohlergehen nicht in unseren eigenen Händen liegt.

Schon vor Jahren erzählte eine Kollegin meiner Frau, dass sie zusammen mit einer Freundin den Entschluss gefasst habe, jeden Tag einen Menschen froh zu machen. Ohne großartige Aktionen, eher mit Dingen wie einer Ansichtskarte, einem unerwarteten Telefonanruf, einer ermutigenden SMS oder einer Süßigkeit. Fast nichts, aber doch ein kleines Zeichen dafür, dass sie an diesem Tag an den Empfänger gedacht hatten. Das hört sich nicht gerade radikal an, aber als die beiden mir erzählten, wie sehr diese Sache in ihrem Leben an Bedeutung gewonnen hatte, wie viel Freude und Zufriedenheit sie selbst daraus schöpften, da ahnte ich, dass ihr Entschluss an ein Alltagsgeheimnis rührt. Natürlich ist das für viele Menschen eine Selbstverständlichkeit, aber das Problem mit den Selbstverständlichkeiten ist ja, dass sie so selbstverständlich sind, dass man sie vergisst.

Sich um das Wohl und Wehe anderer zu kümmern, öffnet das eigene Leben für gute Kräfte.

Wir befinden uns gerade mitten in der Adventszeit, die ursprünglich eine Fastenzeit war, und ich habe großen Respekt vor Leuten, die diese Zeit auch heute noch so gestalten, dass sie auf bestimmtes Essen, auf Zerstreuungen oder anderes verzichten. Ich selbst habe das Weihnachtsfasten, wie es auf Schwedisch heißt, nie gehalten. Aber ich verordne mir gerne eine Variante und nenne es Aufmerksamkeitsfasten. Das Programm ist einfach: Ich will jeden Tag für einige

Zeit auf die Worte »ich«, »mein« und »mir« verzichten und meine Aufmerksamkeit einem anderen Menschen schenken. Bewusst und aktiv. Und einen Gedanken zur Tat werden lassen, auch wenn es um eine Kleinigkeit geht. Das herannahende Weihnachtsfest ist ein guter Anlass, einmal nachzudenken, wen ich aus den Augen verloren habe oder wer sich darüber freuen würde zu hören, dass ich an ihn denken musste, gerade heute.

Einer am Tag ist eine gute Dosis. Leicht zu merken und für die meisten von uns eine machbare Aufgabe.

Der Altenheim-Entdeckungsreisende

An einem Montag stattete ich zusammen mit einem Kollegen einem Mitglied unserer Gemeinde einen Besuch ab. Die alte Dame beging einen eher hohen runden Geburtstag. Nachdem wir am großen Tisch Kaffee getrunken, gemeinsam gesungen und einige Verse aus der Bibel gelesen hatten, ergriff einer der Mitbewohner das Wort. Es war Gunnar, 96 Jahre alt, 96 Jahre jung. Er hielt eine der schönsten Reden, die ich je gehört habe. Kein unnötiges Wortgeplänkel, sondern einige Minuten Konzentration auf das Leben von Britt, dem Geburtstagskind, und ihrer Rolle in dem Altenheim, das nun das gemeinsame Zuhause der Anwesenden war. Er erzählte uns, dass es ein großer Schritt von der eigenen Wohnung zum Altenheim gewesen sei, dass aber der Empfang durch die Mitarbeiter und die Bewohner des Hauses es dann doch ganz leicht gemacht hätte. Nicht zuletzt habe das Geburtstagskind Britt daran einen großen Anteil gehabt. Ein Satz von Gunnar ist bei mir hängengeblieben: »Ich will dir Danke sagen für die unterhaltsame und fröhliche Art, in der du die Mahlzeiten mit uns hier an diesem Tisch teilst.«

Irgendetwas geschah mit mir zwischen der ersten und zweiten Tasse Kaffee. Eine Angst fiel von mir ab. Sie plumpste die vier Stockwerke hinab und zersprang auf dem Gehweg der Vasagatan in tausend Teile. Plötzlich konnte ich mich selbst dort sitzen sehen, irgendwann in der Zukunft. Und das schien mir völlig in Ordnung zu sein. Ich weiß gar nicht, worauf meine Angst sich gegründet hatte: nackt zu sein, hilflos, krank? Oder liegt es einfach an der ausschließlichen Huldigung von Jugend und Spannkraft, dass unser Bild vom Alter so einseitig geworden ist?

Liegt es einfach an der ausschließlichen Huldigung von Jugend und Spannkraft, dass unser Bild vom Alter so einseitig geworden ist?

Ohne das Schwierige und Schmerzhafte leugnen zu wollen, das für manche mit dem Altwerden verbunden ist, möchte ich das Bild von diesem Esstisch und von den Menschen um ihn herum in mir bewahren.

Die Bibel kennt neun hebräische Wörter für unser Wort »alt«. Die verschiedenen Blickweisen zeigen, dass das Alter keine eindimensionale Sache ist. Eher eine Welt von vielen Welten.

»Alte Leute sollten Entdeckungsreisende sein«, schrieb T.S. Eliot. Das Alter verberge ganze Kontinente, die unentdeckt blieben, wenn wir glaubten, das Leben sei mit 65 zu

Ende. Seine Worte spornen mich an, die späten Jahre mit der Haltung eines Forschers zu betrachten, statt davon auszugehen, das Alter sei eine starre Form, in die man hineingezwängt werde. Vielleicht ist es ja sogar die günstigste Zeit, um Dinge zu entdecken, die in jüngeren Jahren zu kurz kamen.

Über all das müssten wir viel häufiger sprechen. Einen Abend mit Freunden der Frage zu widmen: Was glauben wir, wie es ist, alt zu sein?, könnte eine Abkürzung zu den wesentlichen Fragen werden und letztlich zu einem ehrlichen Gespräch über den Sinn des Lebens führen.

Dieselbe Frage der Großmutter, dem Großvater oder einer alten Nachbarin zu stellen, ist natürlich der kürzeste Weg in diese eigene Welt voller Welten. Ich selbst wundere mich darüber, was eine einzige Stunde in der Gesellschaft von Bewohnern eines Altenheims mit einem zufälligen Besucher wie mir angestellt hat: weniger Angst, mehr Neugierde. Ein Ergebnis, das sich sehen lassen kann.

Nur eine verwirrte Omi?

Das Wort »Vertrauen« (tillit) ist im Schwedischen ein Palindrom, d.h. eine Buchstabenfolge, die von vorne wie von hinten gelesen dasselbe Wort ergibt. Aber dieses Wort steht auch für eine Haltung, die vom Aussterben bedroht ist: dem Mut, dem anderen unerschütterlich zu vertrauen, auch auf die Gefahr hin, enttäuscht zu werden.

Ich hatte mit einem norwegischen Journalisten ein Treffen im Zentrum von Göteborg ausgemacht. Als er durch den Märzregen auf mich zukam, war er noch ganz erfüllt von einer Sache, die er wenige Minuten zuvor an einem Bankautomaten erlebt hatte. Er hatte hinter einer älteren Dame (sprich: einer richtig alten Frau) in der Schlange gestanden. Als sie an der Reihe war, drehte sie sich zu ihm um und fragte ihn, ob er ihr dabei helfen könne, Geld abzuheben. »Ich brauche 5000 Kronen« (etwas mehr als 500 Euro), sagte sie und reichte ihm ihre Bankkarte und einen kleinen Zettel, auf dem die Geheimzahl stand. Er zögerte erst, aber dann tat er, wie ihm geheißen. Der rasselnde Apparat spuckte zehn Fünfhunderterscheine aus, und der Journalist gab sie der Dame, zusammen mit dem Zettel. Sie dankte ihm und ging fort.

Als wäre nichts geschehen. Als wäre es das Normalste auf der Welt.

Die Geschichte ist eine Weile her, aber gerade in der letzten Woche, als ich in den Medien so viel von Bosheit und Niedertracht hörte, musste ich immer wieder an die alte Dame am Bankautomaten denken. Ich habe mich bewusst diesem Bild zugewandt und mir die kleine Frau mit dem großen Vertrauen vor Augen gestellt.

War sie nur eine verwirrte alte Dame? War es ein glücklicher Zufall, dass sie in der Schlange genau vor einem gewissenhaften Norweger stand?

Ich glaube, dass es um etwas Größeres geht, dass diese beiden Personen tatsächlich ein Gegenbild zum Bösen darstellen. Immer wenn ein Mensch es wagt, seine Wehrlosigkeit offenzulegen, und wenn ein anderer das nicht ausnutzt, dann geschieht etwas, das Hoffnung stärkt. Das sollte eigentlich selbstverständlich sein, ist es aber nicht.

Immer wenn ein Mensch es wagt, seine Wehrlosigkeit offenzulegen, und wenn ein anderer das nicht ausnutzt, dann geschieht etwas, das Hoffnung stärkt.

Interessant ist nicht nur, dass diese Frau einem Fremden rückhaltlos vertraute, sondern auch, was das mit dem Fremden machte. Ich weiß gar nicht, wie oft er in unserem Gespräch immer wieder auf diese Frau zurückkam; er war richtiggehend aufgewühlt von dem, was er erlebt hatte. Er fand es einfach großartig. Das kleine Erlebnis am Bankautomaten bestimmte das gesamte Bild seines Aufenthalts in Göteborg. So funktioniert Vertrauen. Es ist schöpferisch, und deshalb dürfen wir es auf keinen Fall verlieren.

Solange es solch eine alte Dame gibt, gibt es Hoffnung. Wer ihre Haltung abwertet, löscht die Hoffnung und macht die Welt ärmer.

Deshalb halte ich das Andenken an diese Frau in Ehren und betrachte es wie einen Schutzschild gegen das Böse. Und ich sage zu mir selbst: *So* ist die Welt. Auch so ist sie. Immer wenn ich jemandem vertraue, einem Kollegen bei der Arbeit, meiner Frau oder einem Kind, dann gehe ich das Risiko ein, ausgenutzt zu werden. Aber ich stifte auch etwas, das diese Welt nicht entbehren kann. Vielleicht das Einzige, das sich dem höhnischen Grinsen des Bösen entgegenstellen kann.

Die Welt in 20 Minuten

In der Straßenbahn zwischen Hjalmar-Branting-Platz und Dom zähle ich fünfzig Menschen, die »Metro« lesen, eine Zeitung, die verspricht, alles Wichtige in 20 Minuten Lesezeit zu vermitteln.

Alle Fahrgäste schauen auf dieselbe Auswahl von Dingen, die in der letzten Nacht passiert sind, in Göteborg, Schweden, Europa und Welt. Der ganze Kosmos in kleinen Portionen. Alle bekommen dieselbe Kost. Und die ist schnell gegessen. Einer schafft es, sich 35 kurze Meldungen einzuverleiben, bevor es Zeit wird auszusteigen; der auf der Bank hinter ihm schafft nur fünf. Doch es sind dieselben Wörter, dieselbe Auswahl, dieselben Spiegelungen des Tagesgeschehens. Häppchen davon tauschen wir in der Mittagspause, aber ohne Anspruch auf Vertiefung.

Gibt es noch Menschen, die in der Stille aufstehen, schweigend ihre Frühstückflocken essen und dem Tag, der kommt, begegnen, als wäre er ein weißes Blatt Papier? Die nicht schon im Auto dreimal dieselben Nachrichten gehört haben, bevor sie ihren Arbeitsplatz erreichen? Die wissen, dass die Wirklichkeit etwas anderes ist, als alles in 20 Minuten in den Griff zu bekommen?

Während die Zeit zum Nachdenken und Zuhören fehlt, fällt es uns doch leicht, alles um uns herum zu beurteilen, auch die Menschen um uns her.

»Heute war Lars nicht gerade in Topform.«

»Stimmt. Ich hab ihn schon mal besser gehört, aber auch schlechter«, sagt ausgerechnet die Person, die sich selbst nie verausgabt und niemals rückhaltlos öffnet.

In der Kirche ist es nicht anders. Die letzten Orgeltöne sind kaum verklungen, da geht das Beurteilen schon los. Auf dem Kiesweg vor der Kirche gibt es Sticheleien und Applaus für alles und jedes, von der Predigt bis zu den Fürbitten. Nur sehr selten kommt es zu einem ehrlichen Austausch über das, was uns berührt hat. Wir halten uns auf Distanz zum Geschehen, eine Distanz, die bequem ist – aber auch gefährlich. Sie verhindert nämlich, dass wir uns ganz hineingeben.

Die letzten Orgeltöne sind kaum verklungen, da geht das Beurteilen schon los. Auf dem Kiesweg vor der Kirche gibt es Sticheleien und Applaus für alles und jedes, von der Predigt bis zu den Fürbitten.

Es geht mir ganz und gar nicht darum, für ein unkritisches Zuhören zu werben. Wir brauchen das kritische Wort der anderen, aber ich fürchte das ständige Urteilen, das den eigenen Beitrag ersetzt und verhindert, dass wir selbst den Sprung wagen und etwas riskieren.

Wenn man jemandem begegnet, der »von außen« kommt, dann wird einem der Unterschied klar. Jemand, der keine Ahnung von Hockey hat, der nicht weiß, was eine Freikirche ist und der nicht ein einziges Gedicht von Tranströmer kennt. Jemand mit einer eigenen Geschichte und einer eigenen Welt, von der es auch vieles zu erzählen gibt. Solche Menschen sind so etwas wie Erstausgaben, viel mehr als ein Echo dessen, was es schon gibt. Wenn man ihnen begegnet, wächst die eigene Welt.

Das kleine Extra

»Hast du eine neue Freundin?«, fragte meine Frau, die in einem anderen Teil des Hauses saß, aber mein Telefongespräch mitbekommen hatte. Ich erzählte ihr, dass ich gerade beim Finanzamt angerufen hatte, um eine Sache zu klären, und dabei an einen so freundlichen und hilfsbereiten Menschen geraten war, dass wir am Ende des Gesprächs das Gefühl hatten, wir würden einander kennen. Das Gespräch hatte eine erstaunlich große Nachwirkung. Ich stellte fest, dass wir in den folgenden Tagen immer wieder auf diese unbekannte Frau zu sprechen kamen. Und sie beeinflusste auf diese Weise ein klein wenig die Stimmung in unserem Haus. Weil Freundlichkeit einfach ansteckend ist – genau wie Unfreundlichkeit.

Eigentlich war es ja nur selbstverständlich, was die Finanzbeamtin getan hatte. Sie hatte meine Fragen beantwortet und mir bei einem Anliegen weitergeholfen. Aber das ist natürlich nur die halbe Wahrheit. Ihre Art, es zu tun, hatte dem Gespräch etwas hinzugefügt, das man nicht unterschätzen darf: die positive Energie, die von Freundlichkeit und Sorgfalt ausgeht.

Einige Jahre lang bin ich mit dem Arzt und Autor Stefan Einhorn durch das Land gereist, um gemeinsam Vorträge zu halten. Er sprach unter anderem zu genau diesem Thema, dem, was er *overdelivery* nannte. *Overdelivery* bedeutet, dass man tut und gibt, was man kann. Plus zehn Prozent. Der Prozentsatz kann natürlich variieren, aber Einhorn war sich sicher, dass Menschen, die dieses kleine Extra geben, bei ihrer Arbeit erfolgreicher sind als andere. Er erzählte dazu ein Beispiel aus einem Urlaub, den er mit seiner Familie in Disneyland verbracht hatte. Seine Kinder hatten eine ganze Tragetüte voller Kuscheltiere mitgenommen. Als sie von ihrem ersten Tag im Vergnügungspark zurückkamen, hatte das Reinigungsteam – natürlich – das Zimmer sauber gemacht, es hatte aber noch etwas anderes verändert: Alle Stofftiere saßen jetzt in Doppelreihen, als säßen sie im Bus. Und vorne thronte der größte Bär als Chauffeur.

Als sie von ihrem ersten Tag im Vergnügungspark zurückkamen, hatte das Reinigungsteam – natürlich – das Zimmer sauber gemacht, es hatte aber noch etwas anderes verändert: Alle Stofftiere saßen jetzt in Doppelreihen, als säßen sie im Bus. Und vorne thronte der größte Bär als Chauffeur.

Die Kinder waren natürlich begeistert. Am nächsten Tag sprachen sie schon zwischen den Achterbahnen und anderen schwindelerregenden Attraktionen darüber, was sie wohl im Hotelzimmer erwarten würde. Sie waren ja so gespannt darauf, wie sie die Kuscheltiere vorfinden würden! Und tatsächlich: Diesmal schlugen alle Tiere ein Rad und bildeten dabei einen Kreis mit dem dicksten Bären in der Mitte.

»Meine Kinder werden dieses Hotel nie vergessen«, sagte Einhorn.

Unsere gemeinsame Reise ist jetzt schon Jahre her, aber auch ich habe diese Geschichte bis heute nicht vergessen. Vielleicht weil sie an etwas erinnert, das unterschätzt, aber ungeheuer kraftvoll ist: das tun, was man kann, und dann ein kleines Extra hinzufügen, ein Extra an Freundlichkeit und Sorgfalt. Dieser »Überschuss« vermittelt eine wichtige Botschaft.

Ich gehöre nicht zu denen, die an Silvester Vorsätze fassen, dennoch ist der Jahreswechsel ein guter Anlass, um an diesem Punkt eine Neuausrichtung meines Willens vorzunehmen. Warum nicht etwas mehr von diesen kleinen Extras? *Overdelivery* ist in fast jedem Lebensbereich möglich: in der Begegnung mit dem Bettler vor dem Supermarkt, in der Beziehung zu den Arbeitskollegen und nicht zuletzt zu Hause bei den Menschen, die manchmal unsere schlechtesten Seiten erleben müssen.

Es kostet so wenig. Und es bringt so viel.

Worte sind wie Tattoos

Es hatte ein Streitgespräch gegeben. Ich kam nach Hause und war der festen Überzeugung, dass ich das letzte Wort behalten hatte. »Da ist ihnen nichts mehr eingefallen«, sagte ich zu mir selbst.

In der Nacht ging es mir schlecht. Das letzte Wort, jenes, das ich den anderen entgegengeschleudert hatte, verursachte mir heftige Bauchschmerzen. Gegen Morgen ging es mir ein bisschen besser, aber als ich aufstand und ins Badezimmer ging, entdeckte ich, dass ich geschrumpft war – fast einen halben Meter. Ich maß mich und stellte fest, dass ich mit Socken immer noch 1,84 m groß war, aber mit dem Gedanken an gestern Abend nur 1,50 m.

Es liegt eine dunkle und fast unwiderstehliche Verlockung darin, das letzte Wort zu behalten. Wie oft war man schon gezwungen zuzuhören, während erbärmliche Kerle sich damit brüsteten, jemanden »so richtig zusammengefaltet« zu haben. »Und dann sag ich: …« – »Danach hat er keinen Ton mehr gesagt!« Und wie oft war ich es selbst, der allererbärmlichste!

Das letzte Wort ist vergiftet. Die Kunst des Zusammenlebens mit anderen Menschen besteht unter anderem darin, sich von dem vermaledeiten letzten Wort fernzuhalten, dem Wort, mit dem man die Diskussion gewinnt – und den anderen verliert.

Vor einigen Jahren sah ich im Fernsehen ein Gespräch mit Sven Wollter. Wenn ich mich recht erinnere, ging es darum, wie man die Liebe in einer Paarbeziehung lebendig erhält. Wollter betonte, dass es nicht unwichtig ist, wie man zueinander und übereinander spricht. »Worte sind wie Tattoos. Wenn sie gut gestochen sind, kann es so gut wie unmöglich sein, sie wieder wegzubekommen«, sagte er.

Worte sind wie Tattoos. Wenn sie gut gestochen sind, kann es so gut wie unmöglich sein, sie wieder wegzubekommen.

Seine Beobachtung ist im doppelten Sinne wahr. Wer hat nicht schon einmal über die enorme Wirkung eines ermutigenden Wortes gestaunt? Und wer hat nicht schon versucht, ein boshaftes Wort wieder abzuschütteln oder auch nur eins, das »daneben« war? Man kann versuchen, dagegen anzugehen, es zu widerlegen oder zu ignorieren – gesagt ist gesagt.

Ich habe aus dem, was Wollter damals sagte, ein tägliches Gebet gemacht: »Guter Gott, setze einen Kontrolleur vor meinen Mund.« In der Arbeitsbeschreibung dieses Kontrolleurs ist vermerkt, dass er sowohl darauf achten soll, wie ich *zu* Menschen spreche, als auch darauf, wie ich *über* Menschen spreche. Denn auch das Wort, das dem Angeklagten gar nicht zu Ohren kommt, tut seine Wirkung. Irgendwo bleibt es immer hängen, und sei es bei dem, der es ausgesprochen hat.

Ich glaube nicht, dass das Sprichwort stimmt: »Was ich nicht weiß, macht mich nicht heiß«, auch wenn wir es gern zitieren, um uns zu rechtfertigen. Wir leiden an vielem, was wir nicht »wissen«, denn unsere Seele ist empfindlich.

In der Mitte des 7. Jahrhunderts schrieb Isaak von Ninive einen Text nieder, der nicht weit von Wollters Gedanken entfernt ist. Isaak war Bischof von Ninive gewesen, doch er verzichtete auf seine Macht, als er des Streits und der Verleumdung im bischöflichen Palast überdrüssig war, und lebte fortan als Einsiedler.

> *Wenn du deinem Nächsten begegnest, dann bemühe dich, ihm Ehrerbietung zu erweisen und ihn zu erhöhen.*
> *Wenn ihr voneinander geschieden seid, so sprich nur Gutes und Würdiges von ihm. Wenn dein Nächster gefehlt hat, so kann er in dem Gefühl, der Ehre, die du ihm erwiesen hast, nicht würdig zu sein, Hilfe zur Besserung finden.*
> *Handele allezeit so. Heiße alle lebenden Wesen willkommen und ehre sie.*
> *Wenn du deinen Bruder zur Wahrheit zurückbringen willst, so mühe dich um ihn, weine, liebe ihn, sag ihm ein freundliches Wort oder zwei. Aber zürne ihm nie.*

Ernst und Freundlichkeit

Im Storting, dem norwegischen Parlament, widmete sich ein Sitzungstag der Frage: Was haben die Anschläge vom 22. Juli 2011 in Oslo und Utøya mit uns und unserer Gesellschaft gemacht? Natürlich konnte man diese große und ernste Frage nicht an einem einzigen Tag ausloten, aber für die, die dabei waren, ist das Gespräch, das sich im Storting entwickelte, unvergesslich. Gründlich, schmerzhaft und geprägt von Mitgefühl. Einer der älteren Parlamentarier bat darum, das Wort erteilt zu bekommen, und beschrieb dann zwei Dinge, von denen er glaubte, sie in der norwegischen Gesellschaft nach den Gewalttaten vermehrt angetroffen zu haben: einen größeren Ernst und eine größere Freundlichkeit.

Mein norwegischer Freund und Kollege Arne Dahl erzählte davon am letzten Wochenende in einer evangelischen Tagungsstätte. Arne arbeitet als Geistlicher im norwegischen Parlament und hat ein Buch geschrieben, um die erschütternden Vorgänge zu verarbeiten. Er erzählte von dem Buch, von der Versammlung im Storting und von den

900 000 Menschen, die seit den Anschlägen den Dom von Oslo besucht haben. Sein Vortrag zeugte gleichzeitig von Kraft und von Zerbrechlichkeit. Alles, was er sagte, war wesentlich, und dennoch sind mir vor allem die zwei Worte des älteren Politikers im Gedächtnis geblieben: Ernst und Freundlichkeit. Mein erster Gedanke: Im Kontrast zu der ausgeklügelten Bosheit und der entsetzlichen Gewalt, die 77 Menschen das Leben kostete, sind Ernst und Freundlichkeit doch zahnlose Tiger. Was sollen ein bisschen Freundlichkeit oder Ernst schon bewirken? Bis ich verstand: Zusammen bilden die beiden ein Dream-Team, das man gar nicht überschätzen kann.

Was sollen ein bisschen Freundlichkeit oder Ernst schon bewirken? Dann verstand ich: Zusammen bilden die beiden ein Dreamteam, das man gar nicht überschätzen kann.

Einige Tage nach diesem Vortrag saß ich einsam in einem Hotelzimmer und zappte mich durch die Fernsehkanäle. Alle Sender – an diesem Abend ausnahmslos alle – zeigten den Gegensatz zu Ernst und Freundlichkeit: Spielshows, Schwachsinn und eitle Wettkämpfe. Statt des angekündigten Humors begegnete mir so gut wie überall nichts als Zynismus. Es ist hinreichend belegt, dass Humor eine Kraft ist, die einen auch durch härteste Zeiten tragen kann. Aber Zynismus rettet niemandem das Leben, er tötet nur den guten Geschmack. Im Internet bin ich auf eine Website gestoßen, auf der Witze über die Anschläge in Norwegen gesammelt werden, einer geschmackloser als der andere. Ich kann mir schon denken, wie der

Urheber dieser Seite sich rechtfertigt, nämlich mit der klassischen These, »nichts ist so ernst, dass es nicht einen Witz verträgt«. Doch! Es gibt Dinge, die so tragisch sind, dass der Respekt vor den Trauernden unsere Spottlust zügeln muss.

Ich glaube an das Zweigespann Ernst und Freundlichkeit. Der Mut, ernsthafte Gespräche zu führen über die Bedingungen unseres Lebens, über Verluste und Ungerechtigkeit, über Wunder und Möglichkeiten ist an sich schon eine Kraft, die die Gesellschaft zusammenhält. Im Gespann mit Freundlichkeit ist sie doppelt stark. Die beiden reichen als Programm für ein Zuhause, eine Familie, einen Klassenraum oder eine Kantine. Wir brauchen nicht irgendeinen Wahnsinnigen, der junge engagierte Menschen niedermetzelt, damit wir das begreifen.

Blühender Alltagsmut

Der letzte Sonntag war ein 17. Juli. Dieses Datum ruft in unserer Familie jedes Mal eine Erschütterung hervor. An diesem Tag haben wir vor neun Jahren – wir können es nicht fassen, dass es schon neun Jahre her sein soll – unseren ältesten Sohn verloren. Er war fünfzehn Jahre alt, er war krank, er war müde vom Kampf, und der Tod befreite ihn von vielem Leid. Und er war unser Sohn.

Er starb im Hochsommer, und dass er genau in dieser Jahreszeit starb, wird immer die Art und Weise bestimmen, wie wir sie erleben. Nun sind also neun Jahre vergangen, und obwohl man es zuerst nicht glauben kann, so verändert die Zeit doch den Schmerz. Die Wunden verschwinden nicht, aber einige von ihnen bluten nicht mehr bei der kleinsten Berührung.

Als wir am Sonntag zum Grab kamen, standen da drei Blumen in einer Vase. Keine Karte, kein Name, und doch wussten wir sofort, wer hier gewesen war.

Ich erzähle das nicht, um unsere Familiengeschichte ein

weiteres Mal auszubreiten, sondern weil das, was wir erleben, auch das Erleben so vieler anderer ist und weil genau dieses Bild der Blumen, ein Bild der Fürsorge, des Mitdenkens und des Muts, oft fehlt, wenn wir über Trauer sprechen.

Es heißt ja, dass wir Schweden besonders schlecht darin sind, von uns hören zu lassen, wenn etwas Schlimmes passiert ist, dass es um die Trauernden, wenn die erste Zeit vorbei ist, ganz, ganz still wird. Mir sind so viele selbst erlebte Geschichten erzählt worden von Menschen, die weggucken, die so tun, als hätten sie es eilig, die buchstäblich die Straßenseite wechseln, wenn sie einem Trauernden begegnen. Diese Geschichten sind tatsächlich wahr. Leider. Aber es gibt auch andere Geschichten – eine davon ist die von einem frischen Blumenstrauß am Grab eines jungen Mannes, dessen Tod schon neun Jahre zurücklag, eines Sonntags auf der Insel Hisingen, auf einem Friedhof, an dem man normalerweise nicht vorbeikommt.

Als wir am Sonntag zum Grab kamen, standen da drei Blumen in einer Vase. Keine Karte, kein Name, und doch wussten wir sofort, wer hier gewesen war.

Wie klein so ein Zeichen von jemandem aus dem Freundeskreis auch sein mag, es ist unendlich wichtig. Als stünden jede kleine Blume und jedes Gespräch auch für all die anderen Menschen, alle, die nicht daran gedacht haben, die es nicht geschafft haben, in diesem Jahr von sich hören zu lassen, die aber doch im Laufe der Jahre deutlich gemacht haben, dass sie mit uns trauern. All die wunderbaren Nachbarn, Freunde, Verwandten und Kollegen, die irgendwann, vielleicht in großen zeitlichen Abständen, nachfragen, wie es unter der wiederhergestellten Oberfläche aussieht. Dieser Text will ein Loblied auf alle anstimmen, die nicht aufhören zu fragen, wie's geht und steht, wenn ein Mensch in ihrer Nähe große Trauer zu tragen hat. Er ist ein »Danke!« an alle, die es in der ausgelassenen Atmosphäre eines Festes wagen, den Namen zu nennen, der in dieser fröhlichen Runde schon lange nicht mehr genannt worden ist. Ihr seid keine Stimmungskiller. Ihr seid es vielmehr, denen wir es verdanken, dass wir die glücklichen Seiten des Lebens wieder annehmen können.

Drei Blumen auf dem Friedhof von Säve zeigen es.

Wenn Freunde Freunde werden

»Darf ich dich einem Freund vorstellen?«

Eine Frage, die man häufig hört, ob bei einem Fest, bei einem zufälligen Treffen in der Stadt oder vor der Kirche, wenn man nach dem Gottesdienst noch kurz zusammensteht. Je länger ich lebe, desto mehr wächst meine Überzeugung, dass diese Frage die wichtigsten Momente in unserem Leben markiert. Oft führt so ein Zusammentreffen nicht gleich zu etwas Bestimmtem, aber ab und zu hat man die Ehre, durch diese Frage zum Knotenpunkt zwischen zwei Menschen zu werden, die sich sonst vielleicht nie kennengelernt hätten.

Im letzten Winter hörte ich bei einer Konferenz in Washington einen Satz, der mir ein Licht aufgehen ließ: »Das beste Geschenk, das du deinen Freunden machen kannst, sind deine Freunde.«

Der Tag war vollgestopft gewesen mit Seminaren, Vorträgen und Begegnungen, alles in durchgehend hoher Qualität. Und doch war es der Bericht einer Frau, die ihr Leben einem sozialen Projekt in Honduras gewidmet hatte, der bei mir hängenblieb und unvergessen ist. Sie ergriff das Wort in einer eher kleinen, ganz informellen Versammlung und erzählte von ihrer Arbeit und was sie möglich gemacht hatte. Und wie nebenbei fiel dann der Satz, dass das beste Geschenk für die Freunde die eigenen Freunde sind.

Als ich vor einiger Zeit einmal versucht habe, mir einen Überblick darüber zu verschaffen, was alles in meinem eigenen Leben passiert ist, weil jemand so großherzig war, mich in seinen Freundeskreis aufzunehmen, wurde mir fast schwindelig. So vieles hat auf diese Weise begonnen oder eine neue und unerwartete Wendung genommen. Manchmal denke ich, man sollte noch mehr Zeit dafür aufwenden, Menschen mit Menschen bekannt zu machen. Lass Freunde Freunde werden. Verschenke, was du selbst geschenkt bekommen hast. Denn wenn man auf irgendetwas in dieser Welt setzen will, dann sind es auf jeden Fall die Freunde. Wenn man sie verliert, verliert vieles andere seinen Wert.

Manchmal denke ich, man sollte noch mehr Zeit dafür aufwenden, Menschen mit Menschen bekannt zu machen.

Neue und spannende Freundschaften können dem Leben für eine Weile neue Farbe geben, aber zu den treuen Freunden kehrt man immer wieder zurück. Wenn ich auf unser eigenes bisheriges Leben zurückschaue, dann weiß ich, dass wir ohne unsere Freunde verloren gewesen wären. Sie sind es, die darauf beharrten, dass wir das tun sollen, was wir eigentlich nicht zu tun wagten, sie haben bei uns Veränderungen bewirkt, sie waren da, als wir an den offenen Gräbern unserer Kinder standen, unverrückbar.

Ein Zeichen wirklicher Freundschaft ist, dass sie immer mehr Menschen einschließen will. Wenn man entdeckt, wie wertvoll sie ist, will man sie gleich mit anderen teilen. Ich glaube, das hat mit Gott zu tun. Freundschaft ist ein Rinnsal, das uns von Gottes immerfort überfließender Liebe zukommt. Sie entspringt in Gottes Herz, wächst in der Liebesbeziehung, der Dreieinigkeit, und erreicht schließlich die ganze Welt: »So sehr hat Gott die Welt geliebt …«

Ich habe erstaunt festgestellt, dass die meisten Menschen, mit denen ich darüber gesprochen habe, ihren Weg zum Glauben so beschrieben, dass jemand sie fragte: Darf ich dich einem Freund vorstellen? – Und dann veränderte sich ein ganzes Leben. Denn das beste Geschenk, das du deinen Freunden machen kannst, sind deine Freunde.

Lass sein!

Ein schwedisches Sprichwort behauptet, man selbst sei sein bester Knecht. Ich glaube das nicht. Eher schon ist man sein bester Sklaventreiber – beziehungsweise sein schlechtester. Wenn es darum geht, zu fordern und zu peitschen, ist man selbst oft kaum zu übertreffen.

Im letzten halben Jahr habe ich viel zum Thema Ruhe gesprochen und geschrieben. Es ging um all das Kreative, das geschieht, wenn man mal die Arbeit zur Seite legt, wenn man loslässt und aufhört sich anzustrengen, und sei es nur für eine Weile. Ich hatte entdeckt, dass es ein Geheimnis der Ruhe gibt, einen Segen, der bewirkt, dass die Aufgabe, von der man gerade eine Pause macht, sich genau dann – wie auch immer – ganz von selbst erledigt. Inzwischen gehe ich so weit, ernsthaft zu behaupten, dass in der Ruhe ein Schöpfungswunder wohnt, eine Kraft, die einem nicht zur Verfügung steht, wenn man sich ins Zeug legt.

Was mir ebenfalls klar wurde: Nichts ist offenbar so schwer, wie sich selbst die Erlaubnis zur Ruhe zu erteilen. Man ermahnt andere dazu und vergisst sich selbst. Das hat mich auf die Idee gebracht, dahinter eine Gesetzmäßigkeit zu vermuten. Vielleicht ist Ruhe etwas, dass man am besten verschenkt. Es fühlt sich besser an, wenn ein anderer einem sagt, man könne sich ruhig mal etwas gönnen, als wenn man es sich selbst sagt. Dabei denke ich vor allem an die Menschen, mit denen man täglich zusammenlebt. Wenn der andere mir sagt: »Lass es!«, »Das hat doch keine Eile«, oder: »Ich mach das für dich«, kann das in stressigen Zeiten mehr wert sein als ein Essen im Restaurant.

Es fühlt sich besser an, wenn ein anderer einem sagt, man könne sich ruhig mal etwas gönnen, als wenn man es sich selbst sagt.

Wenn ein naher Mensch wegen der Verpflichtungen stöhnt, die sich angehäuft haben, dann kann man ihm Hilfe anbieten oder ihn kurz daran erinnern, dass die Welt nicht untergeht, wenn das Haus mal einige Tage ungeputzt bleibt, und dass man seine Pläne auch für unbestimmte Zeit verschieben kann. »Es kommt ein nächster Sommer«, sagt man bei uns. Es kommt übrigens auch ein nächstes Jahr. Vor einem weiten Horizont erscheint ein einzelnes Jahr wie eine verschwindend kurze Zeit.

Möglicherweise verbirgt sich in diesen Alltagsgedanken ein Schlüssel für jede Liebe. Die Kunst zu lieben und geliebt zu werden besteht in hohem Maße darin, einander nicht im Klammergriff zu halten. Zu lieben bedeutet, Raum zu schaffen und dem anderen nichts Unnötiges aufzubürden.

Vor vielen Jahren hat mein Kollege Arne Dahl ein Buch

über die Liebe geschrieben. In dem Exemplar, das er uns schickte, stand eine Widmung: *Mit guten Wünschen für eine Liebe, die den anderen freigibt und den Einzelnen groß macht.*

Ich versuche diese Worte in meinem Herzen zu bewahren. Ich will nicht vergessen, dass die Liebe ein täglicher Kampf für den Freiraum des anderen ist. Wenn man der Liebe etwas Gutes tun will, dann muss man mit Freiheit und dem Verzicht auf Ansprüche verschwenderisch umgehen. Mit Forderungen kann man den anderen geradezu ersticken.

Wie wäre es, statt Blumen ein bisschen Ruhe zu schenken? Auf einen Anspruch zu verzichten, eine stille Stunde aus dem vollen Programm herauszuschneiden, den anderen mit einigen Tagen frei von allen Verpflichtungen zu überraschen? Nichts sagt eindrücklicher: »Ich liebe dich!«

Die Selbstverständlichkeit der Woche

Ich bemühe mich, gerade Selbstverständlichkeiten viel Zeit zu widmen, denn Selbstverständlichkeiten sind wichtige Dinge, die wir leicht vergessen. Nicht selten geht es bei den Selbstverständlichkeiten um alte, bewährte Künste, die verloren gehen, wenn wir allzu sehr mit dem Neuen beschäftigt sind. Auf dem Grabstein des Kirchenvaters Irenäus soll sich die Inschrift befunden haben: »Er hat der Theologie nichts Neues hinzugefügt.« Eine interessante Behauptung, wenn man bedenkt, dass Irenäus ein riesiges theologisches Werk hinterließ.

Zurück zu uns. Nach dem Erscheinen meiner letzten Kolumne in der *Göteborgs Posten* erhielt ich eine Mail von einem Leser. Er schrieb: »Eine gute Kolumne beschreibt etwas, was man schon wusste, worüber man aber nicht nachgedacht hat.« Ein sehr guter und sehr wichtiger Gedanke. So viel Neues hat man ja nicht zu bieten. Eher ist es wohl unsere gemeinsame Aufgabe, das festzuhalten, was wir schon wissen – und darüber zu sprechen! Letzteres möchte ich zur Selbstverständlichkeit der Woche erklären. Manchmal ist es einfach schrecklich schwer, miteinander zu reden. Da sind so viele Dinge, die sich gar nicht zu einem schier unlösbaren Problem hätten auswachsen müssen, wenn wir bloß rechtzeitig geredet hätten. Aber so ein Gespräch kommt nicht von selbst zustande, es verlangt einen gewissen Mut.

Ich erinnere mich noch sehr genau an unsere strapaziösen Jahre als Familie mit Kleinkindern, an die Tage, an denen wir es einfach nicht schafften, nett und freundlich zu sein, und uns einander aus reiner Kraftlosigkeit von der schlechtesten Seite zeigten.

In letzter Zeit habe ich viel über die Wörter *Schweigen* (im Sinne von Verstummen) und *Stille* nachgedacht. Oberflächlich betrachtet sind sie nahe Verwandte, aber näher betrachtet klafft ein Abgrund zwischen ihnen. Die Stille kann erholsam und angenehm sein; Schweigen ist das nie. Das Schweigen füllt die Stille mit Vermutungen, Spekulationen und Hirngespinsten. Ich denke da besonders an die anstrengendsten Zeiten in unserem Leben, wenn so ziemlich alles gleichzeitig passiert und der Alltag nur so an uns vorbeirauscht. Die freien Zeiten, in denen man sich einander zuwenden könnte, sind dann gleichzeitig die müden Zeiten, in denen man einfach nicht mehr die Kraft hat, miteinander zu reden. Da verwechselt man leicht versiegende Kraft mit verblassender Liebe. Und genau deshalb ist es so wichtig, weiter im Gespräch zu bleiben, auch wenn es anstrengend ist.

Ich erinnere mich noch sehr genau an unsere strapaziösen Jahre als Familie mit Kleinkindern, an die Tage, an denen wir es einfach nicht schafften, nett und freundlich zu sein, und uns einander aus reiner Kraftlosigkeit von der schlechtesten Seite zeigten. Aber ich erinnere mich auch noch gut an den Augenblick, als wir uns zusammensetzten und sinngemäß sagten: »Entschuldige bitte. Du weißt, dass ich dich liebe, aber ich bin gerade zu müde, um es dir so zu zeigen, wie ich es gern tun würde.« Genau in solchen Zeiten war es wichtig, voneinander das zu hören, was wir natürlich eigentlich wussten: dass nicht die Liebe am Ende war, sondern nur die Kraft.

Miteinander zu reden ist *der* Weg, um Hirngespinste in die Flucht zu schlagen. Das Ausgesprochene reinigt oft die Luft. Ein »Entschuldige bitte«, ein »Ich bin müde« reicht manchmal schon, um belastendes Schweigen in erholsame Stille zu verwandeln.

Aber ist das nicht eine Selbstverständlichkeit? Sicher. Deshalb schreibe ich es ja.

Danke, dass es dich gibt!

Wer sich in der Öffentlichkeit äußert, muss sich auf allerhand Ansichten, Meinungen und Argumente gefasst machen, mit denen Menschen auf das reagieren, was er sagt und schreibt. Das ist nun mal die Spielregel, und meistens ist sie leicht zu akzeptieren. Für Lob kann man sich bedanken, Kritik kann man entgegentreten, aber es gibt eine Reaktion, die mich jedes Mal aufs Neue sprachlos macht: »Danke, dass es dich gibt!« Ich möchte behaupten, dass dieser Satz zum Gewichtigsten gehört, was wir einander sagen können – aber was antwortet man da? »Da musst du dich nicht bei mir bedanken; bedanke dich lieber bei meinen Eltern«? Oder: »Dafür kann ich nichts«?

»Danke, dass es dich gibt!« gehört zu den Sätzen, auf die es im Grunde nur eine angemessene Antwort gibt: schweigen. Die Existenz eines Menschen liegt jenseits von Lob und Kritik, sie gehört zu den Geheimnissen des Lebens, und die soll man nicht zerreden. Sie sind da, um unser Staunen und unsere Dankbarkeit zu wecken.

Das letzte Mal mit diesem Satz konfrontiert wurde ich durch einen Menschen, der ähnliche Verluste wie wir und noch manches mehr erlitten hatte. Ich übersetzte seinen Satz für mich so: Danke, dass ihr den Lebensmut nicht aufgegeben habt, dass ihr immer noch aufrecht geht, dass ihr noch lacht, Scherze macht, glaubt, dass auch ganz gewöhnliche Sachen wichtig sind, und das Leben sogar genießt.

Als wir uns verabschiedeten, musste ich an all die Menschen denken, die durch ihr bloßes Dasein genau diese Bedeutung für unser Leben bekommen hatten, die dem Satz »Das Leben geht weiter« Körper und Gesicht gaben. An all die Menschen, die das Wort »Hoffnung« mit Inhalt füllten. Allein, dass diese Menschen da waren, dass sie lebten, hatte schon etwas Hoffnungsvolles. Dafür mussten sie nichts Besonderes tun. Menschen, die es so schwer haben, dass niemand sie verurteilen könnte, wenn sie aufgeben würden, und die trotz allem das Leben wählen – sie sind in unserer Gesellschaft so etwas wie wandelnde Ausrufezeichen.

Menschen, die es so schwer haben, dass niemand sie verurteilen könnte, wenn sie aufgeben würden, und die trotz allem das Leben wählen – sie sind in unserer Gesellschaft so etwas wie wandelnde Ausrufezeichen.

Deshalb: Ihr Alleinerziehenden, die ihr den Alltag allein meistert, über den wir, die wir zu zweit sind, ächzen und stöhnen – danke, dass es euch gibt! Und ihr, die ihr aus irgendeinem Grund aus dem Arbeitsleben herauskatapultiert wurdet und nicht wisst, was ihr antworten sollt, wenn jemand fragt: »Und was machen Sie so?« – danke, dass es euch gibt! Und ihr, die ihr euch in unserem Land verstecken müsst und jedes Mal Angst bekommt, wenn es an der Tür klopft – danke, dass es euch gibt! Ihr, die ihr alt seid und die es bekümmert, dass niemand mehr nach euch fragt – danke, dass es euch gibt! Und ihr, die ihr nie Liebe erfahren habt, die ihr nie richtig durchstarten konntet, nichts fertig bekommen und auf die Beine gestellt habt, euch nirgends richtig einbringen konntet und froh wurdet – danke, dass es euch gibt! Wenn es euch nicht gäbe, müsste man sich wirklich Sorgen machen.

Ich will glauben, dass das Leben immer etwas Unerwartetes bereithält: einen Hoffnungsschimmer, eine Wende, eine Erleichterung. Aber auch, wenn selbst der Hoffnungsschimmer auf sich warten lässt: Es ist unendlich wichtig, dass es euch gibt! Solange ihr da seid, lebt die Hoffnung.

Großer Tag des Vermissens

Mein Kalender hebt zwei Tage rot heraus, mitten im herbstlichen Dunkel, während unten, bei unserer Kirche, auf vereinzelten Gräbern Kerzen leuchten. »Allerheiligen« steht dort am Samstag, »Allerseelen« am Sonntag. Der Allerseelentag ist bei uns im 17. Jahrhundert gestrichen worden; jetzt steht er wieder im Kalender, als ein Tag, an dem wir an die Menschen denken, die wir verloren haben. Ich selbst nenne diesen Tagen lieber den Großen Tag des Vermissens, schließlich erinnern wir uns ja nicht nur an die Seele, sondern an den ganzen Menschen. Es ist schwer, eine Seele zu vermissen. Aber einen Körper, ein Lachen oder eine Hand kann man so vermissen, dass es in der Brust wehtut.

Es gibt einen Unterschied zwischen trauern und vermissen. Die Trauer ist – auch wenn man das anfänglich nicht glauben kann – etwas, das vergeht. Das Vermissen dagegen begleitet einen für den Rest des Lebens. Auch das Vermissen verändert sich, aber es ist nie ganz vorbei. Vielleicht ist es vor allem das ganz Gewöhnliche, was man vermisst, Dinge, die einem gar nicht aufgefallen sind, solange man einander hatte, die sich aber in der Rückschau als bedeutungsvoll erweisen. Ich denke da an Alltagsroutinen oder fast schon reflexhaft gestellte Fragen, wie »Und? Wie war's?« – »Soll ich uns einen Kaffee machen?«

Wenn ich darüber nachdenke, tritt mir das Bild meiner Eltern vor Augen. Morgens am Frühstückstisch saßen sie immer so, dass ihre Füße wie ineinander verflochten aussahen. Noch lange Zeit nach dem Tod meines Vaters sagte meine Mutter, dass sie seine Füße vermisse. Unter dem Frühstückstisch sei es so leer. Natürlich vermisste sie »meinen ganzen Vater«, aber in dieser körperlichen Erinnerung an Alltägliches hatte sich ungeheuer viel von ihrer langjährigen Beziehung eingebrannt.

Fast immer ist es so, dass wir an der äußersten Grenze des Lebens über die Liebe sprechen.

Zu meiner Arbeit als Pastor gehört es, dass ich häufig bei Menschen sitze, die bald sterben werden. Manche von ihnen möchten nicht reden; es geht ihnen so schlecht, dass sie nur noch sterben wollen. Andere dagegen haben einen großen Gesprächsbedarf. Immer wenn ich nach einer solchen Begegnung durch die langen Korridore laufe, fühle ich mich irgendwie lebendiger. Denn diese Gespräche ähneln einander. Nie ärgert sich jemand am Lebensende darüber, dass er nicht doch noch eine neue Küche gekauft oder eine Thailandreise gemacht hat. An der Grenze zum Tod erscheint vieles völlig unnötig, vielleicht sogar lächerlich. Und fast immer ist es so, dass wir an der äußersten Grenze des Lebens über die Liebe sprechen. Die Liebe, die wir empfangen haben, und die Liebe, die wir vermisst haben. Warum nur ist es so fürchterlich schwer, diese Einsicht jetzt schon für unser Leben fruchtbar zu machen, solange wir einander noch haben? Wir wissen doch, dass unsere gemeinsame Zeit früher oder später zu Ende geht.

Niemand kann die Liebe erklären. Niemand kann mit Bestimmtheit sagen, dass dieses oder jenes für ein gemeinsames Leben das Allerwichtigste ist. Das Leben ist immer größer als unsere Erklärungen. Und doch passt alles auf wundersame Weise zusammen, wenn vier fröstelnde Füße Morgen für Morgen ein Geflecht bilden.

Liebe ist Warten

Ich stehe mit meinem Auto vor der roten Ampel und schreibe schnell einen kleinen Merkzettel, weil ich eine bestimmte Sache schon mehrere Tage hintereinander vergessen habe. Ich sehe nicht, dass aus Rot Grün geworden ist, und bleibe deshalb zehn Sekunden zu lange vor der Ampel stehen. Bis ich doch noch starte, scheint der Fahrer im Wagen hinter mir einen mittleren Zusammenbruch erlitten zu haben, jedenfalls lehnt er sich mit aller Kraft auf die Hupe. Sein wütendes Hupen stresst mich so, dass ich zu allem Überfluss im fünften Gang starte und prompt den Motor abwürge. Jetzt sehe ich im Rückspiegel das rot glühende Gesicht des Mannes hinter mir – habe ich eigentlich schon erwähnt, dass es ein Mann ist? –, und als er mich mit quietschenden Reifen überholt, schüttelt er den Kopf und lässt mich durch eine eindeutige Geste wissen, dass er sich wegen mir jetzt wahnsinnig verspäten wird – dass er also wegen mir leiden muss.

Die ganze Szene ist nach einer knappen halben Minute vorbei. Und doch fühle ich mich jetzt als der Idiot, für den er mich hält, und er fährt weiter, und zwar mit einer so miesen Laune, dass er nach einigen Minuten vermutlich noch schlechter Auto fährt als ich gerade. In der Summe: lauter Verlierer.

Alles, was es gebraucht hätte, wäre ein ganz, ganz kurzes Warten gewesen, ein Moment, in dem der mir unbekannte Verkehrsteilnehmer einmal tief hätte ein- und ausatmen können. Und vielleicht hätte er dabei kurz an seinen Urlaub, die Rente oder die Ewigkeit gedacht. So etwas in dem Stil.

Leider muss ich zugeben, dass mein eigenes Verhalten in ähnlichen Situationen auch nicht gerade ein Ruhmesblatt ist. Warten ist schwer. Warten ist eine große Sache. Warten ist Liebe, ganz praktisch.

Die Ampelgeschichte lässt sich in unzählige Alltagssituationen übertragen: Das Kind braucht morgens ein paar Minuten zu lang, um sich anzuziehen. Die Hosenbeine sind irgendwie verdreht, und die Kinderbeine geraten immer in das falsche Loch. Der Kollege kommt zehn Minuten zu spät zum Meeting, und im Sitzungszimmer hört man Stöhnen und Klagen. Und dann ist der Partner nicht gleich begeistert, wenn man einen spontanen Frühlingsausflug vorschlägt …

Niemand hat je eine einzige Minute dadurch gewonnen, dass er sauer war oder mit seiner Zeit geizte.

Sich zusammenreißen und sagen: »Es wird sich noch eine andere Gelegenheit ergeben«, oder: »Mach ruhig langsam, wir schaffen das schon« – so kann man anderen Menschen zu verstehen geben, dass man sie liebt. Mit das Schönste, was man für einen Mitmenschen tun kann, ist, auf ihn zu warten, ihm die Möglichkeit zu geben zu zögern und das Recht zu zweifeln. Wenn man wartet, fügt man den kurzen Moment hinzu, den man eigentlich nicht hat. Aber es stimmt nun mal: Niemand hat je eine einzige Minute dadurch gewonnen, dass er sauer war oder mit seiner Zeit geizte.

Unter anderem darum geht es in der Zeit, die wir Fastenzeit nennen. Fasten bedeutet, freiwillig auf etwas zu verzichten, nicht für immer, aber für eine Weile. Es bedeutet auch, den Segen zu spüren, der in der Ruhe liegt. Fasten heißt nicht, »Nein!« zu sagen. Es sagt: »Nachher.«

Eine doppelte Lage Butterbrotpapier

Vor einigen Jahren übernahm ich die Trauung eines Paars in der Gegend von Borås. Bei der Vorbereitung der Traupredigt hatte ich mir besonders viel Mühe gegeben. Die Predigt sollte ein Loblied auf die strapazierfähige Liebe sein und eine Ermutigung, eine anfänglich bärenstarke Liebe auch in den Zeiten weiter zu pflegen, in denen die Gefühle es nicht nahelegen.

In der ausgelassenen Stimmung nach dem Gottesdienst, zwischen Reiskörner-Werfen und Hoch-sollen-sie-leben-Rufen kam eine sehr erschöpft aussehende Tante der Braut oder des Bräutigams auf mich zu. In ihrem Blick meinte ich lesen zu können, dass sie die eine oder andere Beziehungshavarie durchgemacht hatte. Diese Tante fiel mir um den Hals und sagte: »Danke für diese wunderbare Ansprache!« Dann kramte sie in ihrer Handtasche nach einer Schachtel Zigaretten und ergänzte: »Wenn das wahr wäre ...!«

Es ist leicht, zum Thema Liebe schöne Reden zu halten, jedenfalls deutlich leichter, als im Alltag, wenn Langeweile und Müdigkeit zusammenkommen, nach ihnen zu leben. Ich gehöre zu denen, denen das Geschenk gemacht wurde, mit ein und derselben Frau viele Jahre zusammenzuleben. Wenn ich gefragt werde, wie wir das hinkriegen, uns immer noch zu lieben, dann fällt mir eigentlich nur eine einzige aufrichtige Antwort ein: Ich weiß es nicht. Natürlich könnte ich auch noch anderes sagen, dass wir es zum Beispiel leicht haben, einander zu lieben, aber im Grunde ist jede Liebe ein nicht zu ergründendes Mysterium. Ich glaube nicht, dass wir mehr Dinge richtig machen als die Paare, die sich auseinandergelebt haben, und deshalb fühle ich mich nicht berufen, anderen Ratschläge zu geben. Jeder Lebensweg ist anders. Dennoch hege ich in mir die Erinnerung an einen Moment, in dem mir eine Selbstverständlichkeit aufging, die vielleicht doch nicht so selbstverständlich ist:

Diese Tante fiel mir um den Hals und sagte: »Danke für diese wunderbare Ansprache!« Dann kramte sie in ihrer Handtasche nach einer Schachtel Zigaretten und ergänzte: »Wenn das wahr wäre …!«

Ich war zu Besuch bei meinem Kollegen Per Arne Dahl im norwegischen Vikersund. Grund meiner Reise war ein Gespräch über sein Buch »Die große Liebe«, das damals gerade erst erschienen war. Per Arne sagte in diesem Gespräch viele kluge Dinge, auch wenn ich die meisten leider längst wieder vergessen habe. Woran ich mich jedoch erinnere, ist die Geschichte von einem Jungen, der immer zwei Schulbrote haben wollte: eins mit Nutella und eins mit Marmelade. Jeden Morgen, wenn die Eltern die Frühstücksdosen fertig machten, sagte er: »Vergesst nicht, eine doppelte Lage Butterbrotpapier dazwischen zu legen, sonst pappt das alles zusammen!«

Später las ich in Per Arnes Buch:

Deshalb empfehle ich Butterbrotpapier, wie in einer Frühstücksdose. Wir müssen besser darin werden, das Schwierige beim Namen zu nennen, gleichzeitig das Gute zu nähren und beides sauber voneinander zu trennen. Sonst wird alles zu einem Brei aus Melancholie und Tristesse. Wenn Menschen mit ihren unterschiedlichen Kümmernissen diese deutlicher aussprechen würden, könnten sie viel mehr Freude erleben. Der unausgesprochene Kummer breitet sich über das Leben aus und gibt ihm eine Färbung, die nicht gut ist. Ich glaube, dass die, die ihre Sorgen und ihren Kummer im Zusammenleben klar benennen, auch mehr Energie aus dem ziehen können, was positiv ist.

Ich fuhr damals nach Hause – mit einem der langsamsten Züge, die über diese Erde rollen – und wusste, dass seine Sätze uns als Paar galten, aber nicht nur uns. Genau wie alle anderen Menschen, die schon eine Weile auf der Welt sind, haben wir unseren Kummer gehabt. Unser Kummer war so deutlich spürbar, dass wir über ihn reden *mussten*. Und vielleicht sind diese Gespräche ja der Grund, warum wir so viel Freude erleben konnten.

Lass die Tür einen Spaltbreit offen

Meine Mutter war bei uns einige Tage lang zu Besuch, und bei einem unserer frühmorgendlichen Kaffeegespräche fiel uns eine Szene aus meiner Kindheit ein, die sich ein paarmal wiederholte. Ich kam aus der Schule und war so erfüllt von dem, was ich erlebt hatte, dass ich auf keinen Fall zur Toilette gehen konnte, bevor ich es nicht meiner Mutter erzählt hatte. Dabei musste ich dringend aufs Klo! Meiner Mutter blieb also nichts anderes übrig, als sich vor die Badezimmertür zu stellen und von außen, durch den Spalt der halb offenen Tür, den Schilderungen meiner Schulerlebnisse zu lauschen.

Jahrzehnte später, in einer sehr schwierigen Phase unseres Familienlebens, schrieb ich in eins meiner Notizbücher: »Man kann ganz viel aushalten, solange man jemanden hat, dem man davon erzählen kann.« Vielleicht hatte ich diesen Satz irgendwo gelesen oder gehört, vielleicht war es aber auch einfach die Zusammenfassung dessen, was ich damals gerade erlebte.

Der Wunsch, etwas erzählen zu dürfen, ist tief in uns verwurzelt. Er verändert sich, aber er verschwindet nie ganz, und heute frage ich mich ernsthaft, ob von dem, was ich meinen Mitmenschen sage, irgendetwas wichtiger ist als die schlichte Aufforderung: »Erzähl!«

Wenn etwas geschehen ist, das mich tief berührt hat, oder wenn mir klar wird, dass etwas, das ich mir gewünscht habe, nie eintreffen wird, dann brauche ich keine Ratschläge, keine Tipps und keine Handlungsanweisungen. Dann halte ich nach jemandem Ausschau, der meine Geschichte so entgegennimmt, wie sie ist, unredigiert.

Man kann ganz viel aushalten, solange man jemanden hat, dem man davon erzählen kann.

Eine Frau, mit der ich befreundet bin, sagt manchmal, dass sie eigentlich nichts kann außer zuhören. Das ist eine interessante Feststellung. Die Wahrheit ist natürlich, dass sie sehr viel kann, dass sie auf ganz verschiedenen Gebieten begabt ist und dass sie dennoch die unschätzbare Fähigkeit besitzt, das aufzunehmen, was Menschen ihr erzählen. Vielleicht könnte man auch sagen: In ihrem Leben ist Raum für die Geschichten der anderen. Denn darum geht es ja: von sich selbst nicht so angefüllt zu sein, dass andere keinen Platz mehr haben. Nicht alle Menschen erzählen übrigens von sich aus, aber die allermeisten sind froh, wenn man sie nach ihrem Leben fragt.

In der Bibel gibt es dazu eine kleine, bemerkenswerte Geschichte: Jesus ist ein Teenager, den seine Familie aus Versehen im Tempel zurückgelassen hat und der dort an den Diskussionen der religiösen Führer teilnimmt. Konkret beschrieben: Er »hörte ihnen zu und stellte Fragen« (Lukas 2,46). Die Alten und Klugen »wunderten sich über seinen Verstand«. Verstand ist also etwas anderes als großes Wissen. Es geht um die Richtung des Interesses, um das Zuhören.

Durch Zuhören und Fragenstellen bekommt man Zugang zur Welt des anderen – und erlebt, dass der eigene Horizont weiter wird.

Es ist jetzt mehr als vierzig Jahre her, dass meine Mutter vor der Badezimmertür unseres Sechzigerjahrehauses stand, aber dieses Bild habe ich immer noch vor Augen. Es ist zum Bild einer Sehnsucht geworden: dass ich es wage, die Tür immer einen Spaltbreit offen zu lassen, damit die eigenen Erzählungen hinausfinden und die der anderen hinein. Keine sperrangelweit offene Tür, aber auch kein zu kleiner Spalt. Vielleicht lässt sich das, was wir »Lebensqualität« nennen und was sich so schwer definieren lässt, ja daran festmachen: nicht am Geld, nicht an der Bewegungsfreiheit oder Bequemlichkeit, sondern an dem Vertrauen, das mir geschenkt wird, wenn andere Menschen mir ihre Geschichten überlassen.

Tomas Sjödin

Warum Ruhe unsere Rettung ist

Stell dir vor, du tust nichts und die Welt dreht sich weiter

Ruhe, was ist das eigentlich – und wie kann man sie wirklich finden? Diese Fragen lassen den schwedischen Pastor und Schriftsteller Tomas Sjödin nicht los. Er begibt sich auf die Suche nach dem, was wir herbeisehnen, um es dann doch oft nur mit schlechtem Gewissen zu genießen. Ruhe ist die Abwesenheit von Arbeit, aber sie bedeutet nicht Untätigkeit und erst recht nicht Langeweile.

Gebunden, 14 x 21,5 cm, 192 S.

ISBN: 978-3-417-26672-6
Auch als E-Book e

Vom Glück der Ruhe

20 Inspirierende Postkarten mit Zitaten des schwedischen Bestsellerautors Tomas Sjödin.

20 Motive zum Anschauen, Hinhängen, Verschenken und Verschicken.

Kartoniert, 16 x 11 cm
Bestell-Nr. 623.275

Tomas Sjödin, Martin Falk (Sprecher)

Still – Warum Ruhe unsere Rettung ist

Hörbuch-MP3

Das Hörbuch zum Bestseller, gelesen von Martin Falk.

CD – ISBN 978-3-7751-5778-0

Zindel, Daniel

Hüttenzeit

Bergweisheiten für das gute Leben im Tal

Wer möchte das nicht: Fernab vom Trubel einen Ort haben, an dem man einfach sein kann. Daniel Zindel berichtet von seinem Rückzugsort – einer Hütte in den Bergen. Ehrlich und warmherzig spricht der Autor von seinem Leben in und um die Hütte – dem Ort, an dem er zur Ruhe kommt, an dem er Gott und anderen Menschen begegnet und an dem er Kraft tankt für das Leben im Tal. Mit einer Prise Humor nimmt er den Leser mit in seine Reflexionen über die Fragen des guten Lebens, der Existenz, des Glaubens und der Verantwortung für Andere. Und er macht immer wieder erstaunliche Entdeckungen. Ein unterhaltsames Buch, das inspiriert, erfrischt und ermutigt, einen eigenen inneren Rückzugsort zu finden.

Gebunden, 14 x 21,5 cm, 176 S.
ISBN 978-3-417-26859-1
Auch als E-Book e

SCM
R.Brockhaus